Ursula Voß

RILKES STERNENFRAUEN

Mit zahlreichen Abbildungen

INSEL VERLAG

INSEL-BÜCHEREI NR. 1530

RILKES STERNENFRAUEN

INHALT

VORWORT

Du im Voraus
verlorne Geliebte, Nimmergekommene

R. M. RILKE

Wer den Dichter von weitem sah, erschrak. Die schmale Gestalt, ausgezehrt wie von einem unstillbaren Verlangen. Doch wer ihm in die glasig vorgewölbten Augen blickte, erkannte den, der mit den Engeln kommuniziert und in den eisig glühenden Räumen des Alls die Gestirne befragt – MASTER OF THE UNIVERSE! Der mit dem Laserstab seiner Sprache – ultramodern codiert wie das Idiom der *Star Warriors* und kaum zu begreifen – den Kosmos, das Sein, »die Kreatur« durchleuchtet. Seine späten Elegien: *otherwordly*.

Irdisch betrachtet, war er ein Dandy-Poet in grauer Herreneleganz, in weite Mäntel gehüllt, in der Hand den Stock, das archaische Männlichkeitsattribut. Ewig auf Wanderschaft, auf der Suche nach seinem Gegen-Himmel, dem Schoß, der Schwesternseele – der Frau.

Wer legt nicht den Finger auf die Wunde seiner fatalen Mutterbindung. Phia verdunkelte den Kinderhimmel ihres René. Sie hatte ihn am 4. Dezember 1875 auf die Welt gebracht, Sohn eines Eisenbahn-Revisors, in Prag; seinen Tod am 29. Dezember 1926 überlebte sie um fünf Jahre, in »kühlem Stolz« auf seinen Ruhm.

Rainer Maria Rilkes Ruhm und sein Liebesbegehr, so tief verankert in innerer Abwehr, diesem »Halb ruf ich Dich, halb halt ich Dich von mir«, müssen zusammen ungeheuer verführerisch gewirkt haben. Der »Phallus im Stammhirn« (nach Gottfried Benn) besaß die Kraft eines Magneten; der trieb Sternenfrauen aller Ordnung in die Arme des Erotomanen: Außergewöhnliche, Unkonventionelle, jede von eigenem Rang. Liebende und Leidende, die Tragödin, die Tänzerin, sie spiegeln sich wider in den Gedichten.

Dabei blieb Rilkes Zentralgestirn die Psychoanalytikerin Lou Andreas-Salomé, Erweckerin seines Sexus, Vertraute bis in die Stunde seines Todes. Den Eros als Kampf lernt er bei der Metaphysikerin Catherine Pozzi kennen, ihm an Gelehrsamkeit weit überlegen (die Geliebte von Paul Valéry las Platon im Urtext); sie warnt ihren »cher Rilke« vor den Pariser Salons – die sie selber frequentierte – als »Bordelle des Geistes«.

Die Adelswelt des Alten Europa öffnet die Fürstin Thurn und Taxis ihrem »Serafico«; lebenslang seine Gönnerin, kaschiert sie ihre lebhafte Verliebtheit mit mütterlichem Gestus. Auf ihrem Felsenschloß über der Adria entstanden die *Duineser Elegien* – ihr zu Ehren.

Ihrer Freundin Eleonora Duse hatte er, der junge schwärmerische Dichter, ein mysteriöses Dramolett gewidmet, *Die weiße Fürstin*; als gereifter Mann spürt er hinter der Aura der alternden Diva dem Faszinosum ihrer einstigen Rollen nach.

Blitzartig flammt an seinem Horizont die Leuchtspur

zweier Dichterinnen auf, beide im Abglanz von Byzanz: die rivalisierenden Cousinen Marthe Bibesco und Anna de Noailles. Deren Naturlyrik betört Rilke durch das Odeur des floralen Orients. Rosenduft durchzieht den Park von Janowitz in Böhmen, wo die Baronesse Sidonie von Nádherný den zögerlichen Verehrer in ihr lockeres Netz hineinzieht – war das Rainer nicht ganz recht so? Jede feste Verknüpfung störte sein inneres Gleichgewicht. Am Ende flüchtete er vor der zähen Leidenschaft der Malerin Baladine Klossowska und betäubte sein Gewissen mit dem Credo:

»Auch die sternische Verbindung trügt.«

Lou Andreas-Salomé, ca. 1897

DIE ERLÖSERIN – LOU ANDREAS-SALOMÉ

Was, Geliebte, bist
du nicht eine(r) unter den Sternen?

R. M. RILKE

Eine Begegnung am Teetisch in München, im Mai 1897, führt ein auffälliges Paar zusammen: den debütierenden Dichter René Maria Rilke und die bekannte Schriftstellerin Lou Andreas-Salomé. Sie hat Erzählungen veröffentlicht, einen autobiographischen Roman, *Ruth*, Essays wie *Jesus der Jude* oder *Im Kampf um Gott;* ihr Beitrag zur Frauenfrage wird 1899 erscheinen unter dem Titel *Der Mensch als Weib.* Ihre Karriere als Psychoanalytikerin liegt noch in weiter Zukunft. Sie gilt als freizügig, fortschrittlich in ihrem Denken und unabhängig von Konventionen. Eine Aura von Großzügigkeit umgibt sie. Sie wirkt anziehend auf beide Geschlechter.

Der junge Rilke ist einundzwanzig, hat den kindlich offenen Blick des frühen Genies und wirkt in seiner Zartheit androgyn. Er hat zwei Gedichtbände vorgelegt, *Leben und Lieder* und *Larenopfer*, 1894/95; Zeitschriften drucken seine Aufsätze, seine kurzen Dramen bleiben noch unbeachtet. Jetzt ist er Student der Kunstgeschichte. Gewiß, er hat Liebeleien hinter sich und eine gescheiterte Verlobung; der *coup de foudre* trifft ihn unerwartet. Er holt den gestirnten Himmel in seine Gedichte, für *SIE:* einer der Stern des anderen und beide gemeinsam auf einer Umlaufbahn, »bis wir uns mit dem Namen nennen, der Sterne ruft und Tage bricht« und »von uns reden wie Sterne von Sternen«.

Das Auf und Ab heftiger Emotionen mündet nach vier Jahren einer gelebten und erlittenen Leidenschaft in eine lebenslange Freundschaft, dank beider Klugheit; eine große Liebe kann man nie ganz vergessen.

Sei du mir Omen und Orakel
und führ mein Leben an zum Fest,
wenn meine Seele, matt vom Makel
die Flügel wieder fallen läßt.

Engel sind fester Bestandteil von Rilkes Kosmos und seines poetischen Repertoires. Gar nicht abwegig, ihn sich vorzustellen als Cherubin mit angelegten Flügeln, die ihn beengten, als er vor Lou Andreas-Salomé stand. Ein Einsamer, ein Klagender, von Frustrationsängsten gepeinigt und verheimlichten körperlichen Leiden. »Ich liebe meines Wesens Dunkelstunden, / in welchen meine Sinne sich vertiefen«, so spöttelte er über einen blassen Mondpoeten, sein anderes Ich.

Die Frau, auf die es ihm ankam, sein künftiger Lebensmensch, notierte im Tagebuch die schmalen Schultern, den dünnen Hals; er habe »seelenvolle Augen«. Rilke wagte den Tigersprung und schrieb im ersten Brief, daß er sie wiedersehen wolle und daß ihr Essay *Jesus der Jude* sich zu seinen

Christusvisionen-Gedichten verhielte »wie Traum zu Wirklichkeit wie ein Wunsch zur Erfüllung«.

Lou Andreas-Salomé warf die Reife ihrer sechsunddreißig Jahre in die Waagschale und ihren Status als Ehefrau eines renommierten Gelehrten, der ihr die nötige Freiheit ließ. Blond und füllig, glich sie den biblischen und mythologischen Frauenfiguren in der Malerei der Präraffaeliten, einen Zug von Grausamkeit um den Mund. »Du warst das Zarteste, das mir begegnet, / das Härteste warst du, damit ich rang«, wird Rilke bekennen; noch war er von ihrem slawischen Charme bezaubert.

In ihrem russischen Reisepaß firmierte Lou Andreas-Salomé (1861-1937) als *Excellenz*. Sie wuchs in Sankt Petersburg auf, Tochter eines baltischen Generals und deutschsprachig erzogen, entsprechend der Herkunft der deutsch-dänischen Mutter. Den goldenen Ehrensäbel ihres Mannes trug sie – *en miniature* – als Anstecknadel.

Louise, einziges Mädchen unter fünf älteren Brüdern, eleganten Mazurkatänzern in Offiziersuniform bei den Hausbällen, erinnert sich in ihren Aufzeichnungen an Kindheitsglück, so, wie es bei Rilke heißt: »Laß dir, daß Kindheit war, diese namenlose / Treue der Himmlischen, nicht widerrufen vom Schicksal ... Denn zeitlos / hält sie das Herz.« Für dunkle Stunden sorgte das obstinate Kind selbst, mit seiner »zu offenen Kampfesweise gegen Verbotenes«: dann spürte sie die Birkenrute. In der frühen Auflehnung wuchsen die Wurzeln unbequemer Eigenständigkeit. Konflikte zeichneten sich ab: »Tiefste Liebestreue« wurde beispielhaft von den Eltern vorgelebt, was nicht für sie selbst galt, die »Erinnerungen treu für immer blieb, Menschen niemals«.

In ihrem *Lebensrückblick* erzählt Lou Andreas-Salomé von ihren Lehrjahren des Gefühls. Siebzehnjährig erfuhr sie die »kreatürliche Urgewalt des Eros« und erlebte ihre erste Passion (mit einem geistlichen Erzieher) als Zerreißprobe zwischen Sexualität und Geistigkeit. Wie um ihre eigene Glaubenskrise zu verstehen nach dem Tod des Vaters und dem frühen Verlust *ihres Gottes,* studierte sie 1880 am Polytechnikum Zürich vergleichende Religionswissenschaften und Philosophie. Unter der Obhut der verwitweten Generalin reiste sie 1882 aus Gesundheitsgründen ins südliche Rom. Dort lernte sie Friedrich Nietzsche kennen, über den sie schreiben würde und der die Circe kühn ins Auge faßte: »Scharfsinnig wie ein Adler und mutig wie ein Löwe und zuletzt doch ein sehr mädchenhaftes Kind.« Seinen Heiratsantrag wies sie ab.

Klösterlich streng frisiert, enggeschnürt in bodenlanges Schwarz, sieht man sie auf dem berühmten Photo, die Peitsche schwingend über dem Philosophen und seinem Freund Rée an der Deichsel eines Leiterwagens – eine Anspielung auf Nietzsches Wort im *Zarathustra*: »Wenn du zum Weibe gehst, vergiß die Peitsche nicht.« Die junge Russin, richtiger: Halbrussin, war der akademischen Jugend ihres Landes weit voraus in fortschrittlichem Denken: sie plante eine studentische Wohngemeinschaft zu dritt, »den gesellschaftlichen

Sitten hohnsprechend«. Stattdessen ging Louise von Salomé – ungeachtet ihres »total entriegelten Freiheitsdrangs« – dann eine mehrjährige offene Liebesbeziehung mit dem Moralphilosophen Paul Rée (1849-1901) ein. Er hatte die Gefährtin dazu gebracht, ihre »kindliche Dalbrigkeit« abzulegen und ihre Triebhaftigkeit unter Kontrolle zu bringen; mit ihrem inneren Dämon gelang ihm das nicht.

In ihrem *Lebensrückblick* spiegeln zwei Passagen Schrecknisse wie aus Dostojewskis *Dämonen*-Roman wider. »Ein trügerischer Schein des Mörderischen« war auf Lou gefallen, als sie am Vorabend ihrer Verlobung mit dem Orientalisten Friedrich Carl Andreas jede körperliche Berührung sich verbat und es zu einer detailliert geschilderten blutigen Messerattacke kam, die in einer zweifelnden Frage des Arztes endete, wer den beinahe fatalen Stich getan … »Es war nicht das einzige Mal, wo wir vor dem Tode gestanden hatten … zwei Menschen wurden voll der gelebten Ratlosigkeit und Verzweiflung.« Die Bekennende brach in Zorn aus, als ihr Ehemann das Gelübde übertrat: »Meine Hände umfingen mit starkem Druck einen Hals und drosselten ihn … ein Röcheln … unvergeßlich fürs Leben … ein Antlitz --«.

Etwas blutsaugend Vampirhaftes will die Schriftstellerin Frieda Freiin von Bülow in ihrer intimen Freundin Lou erkennen. Frieda war dabei in Wolfratshausen im Isartal, wo Rilke seine Initiation erfuhr und wo ihm die Ostafrikareisende und für ihre Vorträge bekannte Publizistin hochwillkommen war in einem freundschaftlichen Dreierbund, aus dem dann ein Ineinanderleben zweier Liebender wurde. All das spielte sich ab in wechselnden bäuerlichen Holzhäuschen, in primitiven Kammern, einmal über dem Kuhstall. Ihrem unerfahrenen entflammten Novizen erklärte Lou, die Verinnerlichung des körperlichen Erlebens fördere seine Dichtkunst. Dem Naturerleben in der Idylle um den Tegernsee entspringt spontan zauberhafte Poesie.

Leise ruft der Buchenwald.
Winkt mit seinen jungen Zweigen
weit hinaus ins Wiesenschweigen.

Kommt mein blonder Liebling bald
mir die tiefen Wege zeigen,
wo die Lichter wie Elfen reigen?

Rilke bündelte die Fülle seiner frühen Gedichte in einer 100-Blatt-Sammlung *Dir zur Feier* (1897/98), manche von Lou vernichtet. »Mit der Geliebten wurde ich zu zwein; / … Und weil wir Alles sind, sind wir allein.« Die Illusion zerstob. Sommergäste störten die Zweisamkeit. Zur Wirklichkeit in Wolfratshausen gehörten ein russischer Mitarbeiter für Lous Puschkin-Übersetzung und ihre plötzliche Abreise, was Renés Furor steigerte: »Du meine Juninacht mit tausend Wegen, / auf denen kein Geweihter schritt vor mir: / Ich bin in dir.«

Lou erkannte das Geniale in ihrem Freund, das Sentimentale schliff sie ihm ab, wie auch seine Manierismen, fortan hieß er *Rainer*. Mit ihrer wachsenden Liebe wuchs zugleich ihr erzieherischer Ehrgeiz. Ihr wurde angst, wenn er sich dem Ansturm seines lyrischen Schaffens aussetzte, dann wieder zurückfiel in depressives Schweigen. Weinkrämpfe und Wutanfälle lösten einander ab, seine Gemütsschwankungen – bei aller sie so faszinierenden »männlichen Anmut« und »zarten Herrenhaftigkeit« – ließen Lou an eine Rückenmarkserkrankung denken, die zur Geistesgestörtheit hinführen könne.

Im April 1898 hatte sie genug von seinem Rollenspiel als das »am Abgrund hängende Kind«, wie Rainer schrieb, oder als der Jüngling mit »welkenden Rosen« in der Hand auf der Suche nach seiner Über-Mutter – sie winkte ihn fort. In Florenz sollte er das gemeinsam begonnene Studium der italienischen Renaissance fortsetzen und ein Tagebuch führen. Erste Schritte einer allmählichen Emanzipation von ihr tat er dann in Viareggio, wo er die dreißigjährige, kultivierte Jelena Woronina kennenlernte, Kurgast aus Sankt Petersburg. In aufmüpfiger Ferienflirtlaune schrieb Rilke an Lou, er könne nun, so wie auf ihren Nachtspaziergängen am Tegernsee, »Glühkäferchen« auch mit anderen Frauen zählen.

Am Horizont zeichnet sich der Lebensentwurf eines Wankelmütigen ab. Sein Stern rief ihn zurück. »Du meine Hohe, weise / mich weiter auf deiner Bahn; / komm und tu mir leise / Wunder an Wunder an. …« Das »zweisame Ineinanderleben«, so Lou, trieb den Dreiundzwanzigjährigen zugleich in die ihm einzig bekömmliche Daseinsform: die schöpferische Isolation.

Rilke fand sie im Schmargendorfer Waldrand von Berlin, wohin das Ehepaar Andreas im Sommer 1898 gezogen war, in der Villa Waldfrieden, unweit von Lou. Hier, wo das Rotwild ihm in die Taschen schnupperte, fand er Muße für die *Geschichten vom lieben Gott,* den ersten Teil des *Stundenbuchs* und die Erstfassung des weltberühmten 34-Seiten-Bändchens *Die Weise von Liebe und Tod des Cornets Christoph Rilke* – niedergeschrieben, so will es die Legende, in einer Sturmnacht bei flackerndem Kerzenlicht. »Und der Mut war so müde geworden und die Sehnsucht so groß …«

Im Haus Loufried kehrte der tägliche Gast, unbeargwöhnt vom Hausherrn, seine überraschend praktische Seite hervor: Holzspalten für den Herd im einzig wohnlichen Zimmer, Klappern mit Geschirr, wenn Lou russischen Borschtsch kochte. Er fügte sich der Reformidee von vegetarischer Kost und Barfußlaufen, jetzt im Grunewald, Hand in Hand mit der Geliebten in einem sackartigen Gewand oder gestickter Bauernbluse, er im blauen Russenkittel; fügte sich in die trügerische Ruhe einer kargen Existenz, wo ihm die Besitzlosigkeit als Ideal erschien: »Armut ist ein großer Glanz aus Innen.«

Von »Traumsicherheit glühend«, bewältigte er sein lyrisches Pensum, erklomm den Gipfel seiner Kunst:

Lösch mir die Augen aus: ich kann dich sehn,
wirf mir die Ohren zu: ich kann dich hören,
und ohne Füße kann ich zu dir gehn,
und ohne Mund noch kann ich dich beschwören.
Brich mir die Arme ab, ich fasse dich
mit meinem Herzen wie mit einer Hand,
halt mir das Herz zu, und mein Hirn wird schlagen,
und wirfst du in mein Hirn den Brand,
so werd ich dich auf meinem Blute tragen.

Der Höhepunkt leitete die Wende in der Beziehung des Paares ein. Die Wende hieß Rußland. Das alte Rußland, »Mütterchen Rußland«, sei für immer eingelassen in die Grundmauern seines Lebens, erklärte Rilke noch Jahre später. Lou hatte ihre Hand im Spiel. »Mütterchen, Täubchen«, so rief man sie auf ihren jährlichen Reisen nach Sankt Petersburg, wo in den breiten Eisenbahnwagen der Geruch nach zottigen Schafspelzen, der Duft russischer Zigaretten und das Signalgebimmel »ein unvergeßliches Heimatglück« auslösten.

Am 25. April 1899 brach das Ehepaar Andreas nach Moskau auf mit ihrem Hausgast im Gefolge. Rilke hatte sich gründlich vorbereitet mit Sprachkursen an der Universität; im Schmargendorfer Domizil häuften sich Lehrbücher, Grammatiken, Lexika. Den Kopf voller Buchwissen von der Landeskunde bis zur Ökonomie, bedrängte ihn noch anderes, hüllte ihn ein wie ein Nebel von Weihrauch: seine Vision vom mythischen Land der gottesgläubigen Seelen. »Moskau mit Glocken wie Erinnerungen, – / und Klang wird dein sein«, heißt es im zweiten Buch des *Stundenbuchs*, dem *Buch von der Pilgerschaft* (1901). Unter den goldenen Kuppeln des Kremls erlebten sie die Osternacht, Knie an Knie mit dem Volk und vornehmen Damen, ein Schlüsselerlebnis für Rilke und Urzelle seines plötzlich erwachten Heimatgefühls für Rußland.

Lou und er hatten die Warnung vor den Osterfeierlichkeiten als einer Manifestation des Aberglaubens nicht beachtet. Leo Tolstoi hatte sie ihnen erteilt, beim Abschied nach einem für Rilke unerquicklichen Tee-Empfang im Moskauer Winterhaus des greisen Dichters. Freundlich hatte er Lou Salomé begrüßt als Verfasserin einer Schrift über die russische Literatur, sich interessiert gegenüber dem deutschen Gelehrten Friedrich Andreas gezeigt und dessen Erforschung einer persischen Sekte; den jungen Reisegefährten übersah er. Auch Lou entglitt Rilke als das einmal erhoffte »Omen und Orakel«, als sie in Sankt Petersburg ihrer Familie in die Arme fiel und Rainer in ein Pensionszimmer verbannte. Seit der Begegnung in Italien stand er mit Jelena Woronina in lockerem Briefwechsel, natürlich mit leicht amourösen Untertönen; in ihr fand er nun eine Begleiterin für sein Flanieren auf den Höhen und den Abstürzen in die Tiefe. Aber sie widersetzte sich seiner »Sehnsucht nach Abgründen«, »O, Sie lieber, törichter Dichter« – er wollte ihr Hoffnungen machen, sie hielt ihn auf ironischer Distanz, zumal er von einer »mysteriösen Gestalt« in seinem Leben gesprochen hatte. Lou bekam Wind davon, und Jelena verlobte sich mit einem Offizier. Die kleine Klippe war umschifft, an einer größeren sollten sie scheitern.

Die Rückkehr nach Berlin im Juni 1899 stand ganz im Zeichen der russischen Dinge. Die Ikonen-Ecke in seiner Behausung inspirierte Rilke zu Gedichten wie von der Hand eines Mönchs und in Klang und Rhythmus eines Gebets: »Ich kreise um Gott, um den uralten Turm, / und ich kreise jahrtausendelang; / und ich weiß noch nicht: bin ich ein Falke, ein Sturm / oder ein großer Gesang.«

In den Augen der Beobachter-Freundin Frieda von Bülow bereitete sich das in Harmonie wiedervereinte Paar auf ein Examen vor, einen neuen Vorstoß ins Russenland, diesmal ins Innere. Lou und Rainer schrieben und übersetzten gleichsam zu vier Händen, knüpften ein Netz, das sie auswarfen über die Lou bekannte Intelligenzija, über Dichter, Schriftsteller, Redakteure, von denen Rainer Angebote zur Mitarbeit erhoffte, ja, er wagte sich an eine Übertragung von Tschechows Theaterstück *Die Möwe.* Von den Künstlern einer neuen realistischen Schule, wie Ilja Repin, verlangte er geradezu, ihm die Wahrheit hinter den ölgemalten Leinwänden zu entdecken. Alles Ahnen, alles Wissen sollten umgesetzt werden in sinnlich erfahrbare Wirklichkeit. Rußland erwartete das Paar.

Gekleidet in wallende Umhänge und Loden mit eingenähten Taschen für Bücher, begab man sich am 7. Mai 1900 auf die fast vier Monate dauernde Reise. Tagelang in der Holzklasse, wo Bauern mit Ziegen und Hühnerkörben den Atemluftraum mit den befremdlichen Reisenden teilten. Rußland sickerte in Rilkes Poren ein, das wahre alte Rußland, nach dem er suchte und das er in Ilja Repins Atelier schon 1899 zu finden gehofft hatte, wo er den Maler als wahren Menschen erkannte, der einem »in der Dämmerung sagte, was die Anderen im Lichte leugnen«.

In Moskaus kerzenbeleuchteten Kirchen glaubte Rilke den »Klang des Orients« zu vernehmen. Mit lauschendem Ohr vor den Glockentürmen des Kreml erscheint er auf dem Portrait, das Leonid Pasternak (Vater von Boris Pasternak) malte, posthum und basierend auf Bleistiftskizzen. Pasternak vermittelte ein erneutes – und von Rilke ersehntes – Treffen mit Tolstoi. Mit galoppierenden Pferden, so berichtet es Lou, sei man nach dem Landgut Jasnaja Poljana geeilt, zu »einem, der nicht mehr der Erde angehört«. Parkspaziergang und Familienstreit, Kaffee in dünnen Täßchen blieben in der Erinnerung haften und die abfälligen Bemerkungen des Patriarchen über den gesellschaftlichen Wert von Lyrik. Es minderte Rilkes lebenslange Verehrung nicht.

Ein wunder Punkt wurde berührt: das mangelnde Interesse der beiden traumbefangenen Reisenden für die im Untergrund schwelenden politischen und sozialen Probleme im Zarenreich. Da genügten die Stippvisiten in den Sonntagsschulen für Arbeiterinnen und den Kneipen der Lastenträger nicht. Unablässiges Bemühen und unablässiges Scheitern beim Erfassen der Wirklichkeit trübten das Liebesverhältnis des Paares. Noch spielten sie ihre Rolle, Hand in Hand auf der Touristenmeile, in der Tretjakow-Galerie und den Museen: »Eine vierzigjährige, im Abwelken begriffene Frau ohne ein Zeichen von Dekadenz«, notierte der Übersetzer Friedrich Fiedler, »im schloddernden Kleide, ohne Kragen, das ihre Oberschenkel hervortreten lasse« – und ihr blondbärtiger Page, der manchmal als Cousin vorgestellt wurde. Schon sickerten in die Risse seiner Grundmauern Angstgefühle ein, Angst vor dem Verstoßenwerden von Lou, die sich in ihren Kreisen bewegte, Angst auch vor der physischen Bewältigung der diversen Reiseziele, die eine schöpferische Muße und auch die gewohnte Intimität nicht zuließen; dazu die unfaßbare, Depressionen auslösende Größe des Landes. »Alles Geschaute muß Gedicht werden«, das gelang der Gefährtin mit ihrem Wolga-Lied: »Hätt ich an Deinen Ufern nie geruht: / Mir ist, als wüßt ich doch um Deine Weiten, / Als landete mich jede Traumesflut / An Deinen ungeheuren Einsamkeiten.«

Wechselnde Schauplätze wurden Zeugen eines gegenseitigen Sichloslassens, einer sich lockernden Zweisamkeit. Im nachhinein blieb eine Art Panorama-Schau im Gedächtnis: Kathedralen in Kiew, das Höhlenkloster und die Katakomben, das Puschkin-Museum in Saratow, die Dörfer flußabwärts und flußaufwärts der mächtigen Wolga über Wochen, an deren Ende ein mehrtägiger Besuch bei dem Bauerndichter Droschin vertraute Gewohnheiten wieder aufleben ließ:

das Barfußlaufen im taufrischen Gras und das Wildrosenpflücken. Im Photo festgehalten sind ein trotzig blickender Rilke im Herrendress und Lou von Salomé in phantasievoller Gewandung. Rast in einem Adelssitz der Familie Tolstoi, und dann hinein ins bäuerliche Leben mit Mücken und Hafergrütze, dem Dorfklatsch, so lange, bis Lou über Splitter in den Fingernägeln und in den Nerven klagt und sie zum Schlafen zwei frischgefüllte Heusäcke verlangt statt des einen.

Als Frau von kühlem, analytischem Verstand registrierte sie Rainers Botschaften, die er ihr nachsandte, als sie fluchtartig abreiste nach Finnland zum Feriensitz ihrer Familie, als »Komm-wieder-Hilferufe«. Rainer blieb derweil vier Wochen allein in Sankt Petersburg, streifte durch die Bibliotheken und suchte Kontakte zu den Literati.

»Ich geh dir nach, wie aus der dumpfen Zelle / ein Halbgeheilter schreitet … / Ich geh dir nach in tiefem Dirvertrauen.« Sollte er recht behalten? Es kam zu keinem endgültigen Bruch nach der gemeinsamen Heimreise nach Berlin, auch wenn Lou im Tagebuch schreibt: »Damit R. fortginge, ganz fort, wär ich einer Brutalität fähig.« Die jähe Aufwallung verebbte. Man sah sich wieder, man korrespondierte. Auch wenn schon in Rußland von einer Trennung die Rede gewesen war, wußte Lou Andreas-Salomé, daß sie in die fragilen und von den Engeln und Sternen nicht allzu sorgfältig bewachten Grundfesten von Rilkes Existenz eingelassen war: als große Mutter, Heilerin, ärztliche Ratgeberin bei Blut- und Darmleiden.

In einem Gedankenbrief an Rainer Maria Rilke gibt sie die Gründe für ihrer beider Liebe an:

»War ich jahrelang Deine Frau, so deshalb, weil Du mir das erstmalig Wirkliche gewesen bist, Leib und Mensch ununterscheidbar eins, unbezweifelbarer Tatbestand des Lebens selbst. Wortwörtlich hätte ich Dir bekennen können, was Du gesagt hast als Dein Liebesbekenntnis: ›Du allein bist wirklich‹ ... Nicht zwei Hälften suchten sich in uns: die überraschte Ganzheit erkannte sich erschauernd an unfaßlicher Ganzheit. So waren wir denn Geschwister – doch wie aus Vorzeiten, bevor Geschwisterehe zum Sakrileg geworden.«

Clara Rilke-Westhoff, Porträt von Paula Modersohn-Becker, 1905

DIE DUNKLE BILDHAUERIN – CLARA RILKE-WESTHOFF

Ruf mich, Geliebter, ruf mich laut!
Laß deine Braut nicht so lange am Fenster stehn.

R. M. RILKE

Rilke kam nach Worpswede, um in seinem zerwühlten Gefühlshaushalt aufzuräumen. Um nach der erzwungenen, nicht überwundenen Trennung von Lou Andreas-Salomé Ruhe zu finden unter den hohen Himmeln über Moorwiesen und Heideland. Und um seinen Platz zu behaupten in der Künstlerkolonie am Rande des Teufelsmoors in der Lüneburger Heide, wo Maler aus allen Windrichtungen und fern der Akademien um Selbstverwirklichung rangen in einer unverstellten Sicht auf Mensch und Natur. Um in der Idylle mit den reetgedeckten Katen der Bauern und Torfstecher, den von Birken umstandenen Kanälen Inspirationen zu finden in Gemeinschaft mit den Kreativen einer neuen Generation. Sich in ihrer Mitte ein Stück vorenthaltener Jugend zurückzuerobern.

In den letzten Augusttagen 1900 tat sich für Rilke eine neue Welt auf, so unvorhersehbar wie schicksalhaft. Freundinnen warteten auf ihn, »zwei Mädchen in Weiß«, alle beide bürgerliche Töchter und als Künstlerinnen ausgebildet, sogar in Paris, die beide ihre Idole ins Gespräch brachten,

Cézanne und Rodin, aufgehende Sterne auch an Rilkes Horizont. Im übrigen hatten sie wundervolle Hüte aus Paris mitgebracht und »Champagner im Blut«: die blonde Malerin »mit den schauenden braunen Augen«, Paula, später Paula Modersohn-Becker, Arm in Arm mit Clara, der »dunklen Bildhauerin«, der künftigen Clara Rilke-Westhoff (1878-1954).

»Ich bin bei euch. Bin dankbar bei euch beiden, / die ihr wie Schwestern meiner Seele seid …«

Rilke trug Lyrik vor im Barkenhoff, dem Domizil seines Gastgebers, des Jugendstil-Designers Heinrich Vogeler. Clara und Paula, »in Samtsesseln lehnend«, überreichte er Rosen. In seinem Tagebuch notierte er: »Ich erfand mir eine neue Zärtlichkeit: eine Rose leise auf das geschlossene Auge zu legen, bis sie mit ihrer Kühle kaum mehr fühlbar ist und nur die Sanftmut ihres Blattes noch über dem Lid ruht wie Schlaf vor Sonnenaufgang.«

Der Narzißmus seiner Jünglingsjahre, den Lou ihm nicht hatte austreiben können, verschmolz mit einer *amitié amoureuse*, einer freundschaftlichen Verliebtheit zwischen drei hin und her schwankenden Seelen. Doch in die Dreierkonstellation brach die Eifersucht ein. Worpswede hatte viele Augen, Worpswede tuschelte. Wenn Rilke zu Paula in die Pferdekutsche einstieg und Clara ihnen einen Heidekranz zuwarf, soll ihre Unterlippe gezittert haben …

Rilke waren die Spannungen nicht unlieb, bewahrten sie ihn doch vor einer Entscheidung, um den Preis, daß die Freundschaft zwischen Clara und Paula sich abkühlte. Erst die Distanz würde es den beiden Künstlerinnen ermöglichen, die Persönlichkeit der einst so geliebten zu erfassen: Paula porträtierte Clara mit Sehnsuchtsblick und einer Rose vor der Brust (1905), Paula als Bronzebüste mit vorgerecktem Hals (1908) wird posthum ins Leben zurückgerufen von Clara.

Bei all ihrem Temperament – oder deswegen? – mußte Paula zurückstecken vor Claras verhaltener Intensität. Magnetströme gingen von ihr aus und bewegten Rilke zu einer romantischen Skizze der Gestalt in gefaltetem Batist, »das schöne dunkle Gesicht umweht von schwarzen leicht hängenden Locken, die sie im Sinn ihres Kostüms lose läßt zu beiden Wangen«.

Das Malereiwesen in Worpswede gab Rilke neue Impulse. In den Ateliers entdeckte er frischbemalte Leinwände, die sein Farben-Sehen schärften, das wiederum einging in die poetische Prosa der Tagebücher. Heideflächen von »metallischem Rot, sanft wie japanische Seide«, gaben den Hintergrund ab für »Clara Westhoffs licht schilfgrüne Schlankheit«.

Claras Silhouette als eine Jugendstil-Melusine aus Heinrich Vogelers Märchenbuch zu deuten entsprang Rilkes träumerischem Wunschdenken. In Worpswede hieß sie »de Grote«, die sich die Füße wund tanzte und die Sturmglocken der Dorfkirche zum Läuten brachte, was sie beinahe um den Auftrag der Engelsköpfe für das Gotteshaus brachte. Sie wolle »Bildhauer« werden, schrieb die Zwanzigjährige an ihren Vater, einen gutsituierten Import/Export-Kaufmann in Bremen. Das hieß, in einer männlichen Domäne die Hürden zu Anatomiekursen und Aktklassen überwinden, opponieren gegen Zulassungsverbote in einer Münchener Privatschule, wo sie ihr zeichnerisches und malerisches Talent ausbilden ließ.

Die herbe Norddeutsche mit dem willensstarken Kinn, einer hochgewachsenen Römerin gleichend, hatte »das fabelhafte Glück«, von Max Klinger, dem führenden Symbolisten, aufgefordert zu werden, aus einem Marmorblock eine Hand herauszumeißeln. Die Kraft und die Konsequenz, mit der sich seine Schülerin die Finger zerschlug, sicherten Clara den Weg nach Paris, zu Auguste Rodin. Überraschend freundlicher Empfang vom Titanen, für den *les femmes-artistes* »meine göttlichen Schwestern« waren, gleich in welcher Materie, Haut oder Stein. Er drückte Clara beim Rundgang durch seine Ausstellung – lauter »vornehme Damen und Herren aus der großen Welt« dabei – »ein kleines Werk aus Gips« in die Hand …

Rilkes verhaltener Wunsch nach Gemeinsamkeit mit Clara ist poetisch eingebettet in ein Stück erlebte Natur mit Wassergetier, spiegelt sich im Blick eines Schwans. »Erinnern Sie sich jenes schönen Schwanes? / Aufeinmal wurde Nacht und Alster weit: / und verhieß uns viel Nochnichtgetanes …«

Zaghafte Annäherungen, schrittweise. Claras Vitalität duldete keine hemmenden Schranken. Ihr nächtliches Fahrradschieben zum Atelierhäuschen Westerwede, seit 1898 ihr

Domizil am weiten Ende des Dorfes, Rainer neben ihr, signalisierte ihren Willen zum *Du.* Rainer faßte Mut:

Dich wundert nicht des Sturmes Wucht, –
du hast ihn wachsen sehn; –
die Bäume flüchten. Ihre Flucht
schafft schreitende Alleen.
Da weißt du, der vor dem sie fliehn
ist der, zu dem du gehst,
und deine Sinne singen ihn,
wenn du am Fenster stehst.

Ende eines Vier-Wochen-Taumels im Heideland. Anfang Oktober 1900 trieb es Rilke nach Berlin zu Lou Andreas-Salomé, die ihn gerufen hatte. Ein Aufbruch unter dem Zeichen der Hoffnung, mit der Fron am Schreibtisch auch die einstige Liebesbeziehung fortzusetzen. Doch Ende Januar 1901 erschien Clara mit Paula auf der Bildfläche, deren Verlobung mit dem stillen Landschaftsmaler Otto Modersohn Rilke quälte und wachrüttelte. Der Sinn stand ihm nach Partnerschaft in einer Künstlerehe, vor der Lou ihn in einem »letzten Zuruf« gewarnt hatte aufgrund seiner seelischen Labilität.

Wie von einer Vorfrühlingslaune gepackt und als stünde er schon mit Clara in Worpswede vor einer »Feenarchitektur von weißen Blüten«, wandte er sich ihr zu: »Du Liebe, sag du mir erst wer ich bin, / ich sage dir, wer du bist.« Jeder solle der Wächter sein der Einsamkeit des anderen, lautete sein Credo für ein Leben zu zweit. Es begann mit der Hochzeit am 27./29. April 1901 in Claras Elternhaus in Bremen. Hier genoss Rilke bürgerlichen Rückhalt und materielle Hilfe, hier erlebte beider auf den biblischen Namen Ruth getaufte Tochter ihre frühen Kinderjahre in großelterlicher Obhut. Ihre Geburt fiel auf den 12. Dezember 1901.

Wie lange währte Rilkes Entzücken über das Kind, »das Wichtigste, wonach sich alles richten muß: die ganze Welt, Paris und Konstantinopel«? So lange, bis sein Nomadentum ihn einholte und ihn hintrieb zu großzügigen Gönnern und Mäzenen und ihren einladenden Wohnsitzen. Claras Künstlerklause Westerwede blieb ein kurzes Kapitel in Rilkes Vita und endete nach einem Jahr mit seiner Übersiedlung nach Paris am 28. August 1902. Sein Urteil über seine Frau war hellsichtig: er erkannte das Dilemma der aufstrebenden ehrgeizigen Künstlerin in ihrer Rolle als Mutter: »Daß Kunst-Arbeit und Leben irgendwo ein Entweder-Oder ist, entdeckt ja jeder zu seiner Zeit, – aber für die Frau mag diese Wahl freilich einen Schmerz und Abschied ohnegleichen bedeuten.«

Rainer bewahrte sich auch nach der geographischen Trennung genug von seiner Liebe zu Clara, um sie in ihrer »Schönheit und Güte« porträtieren zu lassen. Sein Dank galt besonders ihren bildhauerischen Werken, die ihn das Dreidimensionale, das mit den Händen Greifbare verstehen machten, wie jene kleine Knabenskulptur, sein Lieblingsobjekt, in Erz gegossen und mit einer »Seele aus Marmor«. Claras schöpferischer Einfluß würde sich in Rilkes *Ding-Gedichten* im *Buch der Bilder* (1902) widerspiegeln. Ihre Kinderakte in kleinem Format, Stehende oder Kauernde, waren Bestandteil der Dresdner Internationalen Kunstausstellung 1901. Rilke war bereits vertraut mit der Materie von Stein, Marmor oder Bronze, als ihm die Bremer Kunsthalle, Ort seiner Vorträge, den Auftrag einer Monographie über Auguste Rodin erteilte. Die französische Sprache wurde ihm zum Fenster für ein neu erkorenes Heimatland, so wie es Rußland gewesen war. Er vertiefte sich in die Poeme Baudelaires, um Eingang zu finden in die »Höllenstadt Paris«.

Und Clara? Seinerzeit hatte er das dunkle, verschlossene Mädchen beschworen: »Lassen Sie die Ferne nicht mächtig werden über uns.« Jetzt bestimmte er, daß aus der von ihm postulierten »inneren Ehe« eine Fernehe wurde. Denn: Die »wirklichen Gemeinsamkeiten sind nur solche, die rhythmisch tiefe Vereinsamkeiten unterbrechen«. Clara habe ihre Individualität eingebüßt, hieß es in Worpswede, sei ein Vogel mit gestutzten Flügeln. »Westerwede war erfüllt«, schrieb Rilke, »Westerwede hatte seine Zeit gehabt, sein großes Glück, seine große Bangigkeit, wir haben eine große Ouvertüre erlebt, eine Ouvertüre des Lebens.«

In der »leidvollen Stadt« sammelte Rilke Impressionen. Vor Claras Augen entfaltete sich ein anderes Paris als das einst mit Paula Becker erlebte. »Elektrische Bahnen rasen läutend durch meine Stube«, »Heuschreckenschwärme von Menschen« in Schmutz und Armut; »und heute im Luxembourg stark und mächtig: Manets Olympia. Das ist ein kühnes Malerstück. Renoir, Degas ...« Clara, eben noch eine düstere Penthesilea für ihren ersten Lehrer, Fritz Mackensen, folgte ihrer inneren Stimme, der Stimme der Künstlerin und Liebenden, und brachte die gemeinsame Tochter, Rainers *Krächzpeterchen*, das auch ihre Arbeit so störte, schweren Herzens nach Bremen-Oberneuland zu den Großeltern. Mitte Oktober 1902 etablierte sie sich in Rainers obskurem Viertel; ein kleines Stipendium der Stadt Bremen sicherte die »vornehme Armut«. Das Seinsgefühl ihrer jungen Jahre wehrte sich gegen den Abstieg in den Höllenkreis, die dunkle Abseite der gefeierten Metropole, wo Rainer seine Seelenqualen auskostete. »Die großen Städte sind nicht wahr; sie täuschen / den Tag, die Nacht ... ihr Schweigen lügt.« Der düstere Schauplatz Paris, so schwarzgrau wie auf den alten Postkarten, die man in den Kästen der Bouquinisten findet, dieser von Rilke gefürchtete und gehaßte Ort seines ersten Aufenthalts wird eingehen in seine Dichtung wie in seinen einzigen Prosaroman: *Die Aufzeichnungen des Malte Laurids Brigge* (1910). »Die Existenz des Entsetzlichen in jedem Bestandteil der Luft« bedrängt den Flaneur auf seinen Wegen zu den Hospitälern und durch die Straßen, wo ihn die Schatten der Halbwelt verstören.

Claras Selbstwertgefühl litt, sie fühlte sich unwillkommen in Rainers bestürzend bildkräftiger Welt. Das Ringen um ein eheliches Miteinander trug sich in einem Zwei-Zimmer-Domizil in der Rue de l'Abbé de l'Épée zu, unweit vom Jardin du Luxembourg, wo Rainers Augen Erholung fanden, wo das Geschaute Gedicht wurde. »… in einem Gedicht, das mir gelingt, ist viel mehr Wirklichkeit als in jeder Beziehung oder Zuneigung, die ich fühle; wo ich schaffe, bin ich wahr …«

Das Ethos der Arbeit hatte ihm Rodin zudiktiert: arbeiten, immer nur arbeiten, das vielzitierte Wort wurde auch Claras Leitmotiv ihres tagtäglichen Meißelns und Formens für ihre deutschen Auftraggeberinnen, in ihrem Atelier in der Rue Leclerc. Im Schaffen und Tun fanden die beiden Ehegefährten zueinander, die geistige Intimität verlangte jedoch körperliche Trennung. Claras Opferhaltung hätte Rodins Staunen erweckt. Der »faunische Künstler« bewies in seinen Paare-Skulpturen von Tanzenden, sich Umschlingenden seine Einfühlung in das erotische Begehren der Frau. Gleich zu Beginn seines Parisaufenthalts hatte Rilke Eingang gefunden in das weißgipserne Pantheon von Meudon, Rodins ländlichen Wohnsitz mit den Ateliers; er tauchte in eine Heerschar von Skulpturen ein, bis seine Augen schmerzten. »Es ist eine Welt, um welche Sonne, Erde und alle Sterne kreisen: ein neues Sonnensystem.«

Der Künstler müsse zum »Urtext Gottes« zurückfinden: einer der vielen Leitsätze, die Rilke für seinen Essay über den Meister, den er sein »Salz und Brot« nannte, notierte. Er widmete das in nur zwei Monaten niedergeschriebene Buch »einer jungen Bildhauerin«, ohne Clara zu nennen, die es im März 1903 Rodin in die Hand legen durfte.

Überraschend war im Februar Paula Modersohn-Becker aufgetaucht, um frische Impulse für ihre Malerei zu finden; sie erlebte das Ehepaar Rilke mißlaunig: »Nun blasen die auch Trübsal, und sogar auf zwei Pfeifen.« Rilke kränkelte, sein Körper schien dem Leistungsdruck nicht gewachsen, nicht den Anforderungen Claras nach Abwechslung an den Sonntagen und Ausflügen aufs Land, denn immer noch steckte ihr die Sehnsucht nach der Worpsweder Idylle in den Knochen. Rainer klagte, sein Körper sei »für das Besteigen von Omnibussen (hochrädrige Pariser Pferdebusse, noch anno 1910) nicht geschaffen«.

Im kalten März 1903: Flucht nach Viareggio; am Meeresstrand und allein sprang er nackt ins Wasser. Das Geräusch des Meerwassers tue ihm nicht immer gut, ließ er Clara wissen. Im Rauschen der Wellen vernahm er Stimmen betender Mönche, die eingingen in den dritten Teil des *Stunden-Buches.*

In die Gott anflehenden Gebete dieses Bandes schiebt sich eines der *Phallischen Gedichte*: »Mach Einen herrlich, Herr, mach Einen groß…« Zeugnisse der Pariser Seelenqual, die Rilke bis ins Seebad verfolgenden Visionen von Straßenprostituierten in ihrem anrüchigen Reiz. Dagegen verblaßte Claras bedrängendes Liebesbegehren. Ahnte sie seine sexuellen Obsessionen?

Rilkes gelegentliche Aufwallungen von Zärtlichkeit weckten Hoffnungen: »Ich denke viel an Dich und bin froh, wenn Du es ein wenig gut hast und wenn Abende und Nächte Dir so wohltun, wie ich Dir gerne wohltun möchte ...«. An getrennten Plätzen verbrachte das Ehepaar 1903/04 acht Monate in Rom. Clara mit ihrem Stipendium vom Bremer Senat schuf an Auftragsarbeiten in einem kleinen Atelierhäuschen, weit entfernt vom Zentrum der Ewigen Stadt und von den Borghese-Gärten, wo Rilkes Gedicht *Römische Fontäne* einer Schöpferlaune entsprang. Eine Parabel der Zweiheit von Himmel und Wasser, Wasser und Marmorbecken, wozu ihn Claras Gedanke inspiriert hatte, ihre Materie sei der Stein und seine das fließende Wasser.

Eine Atelieraufnahme aus jenen Tagen zeigt ein steifes Figurenpaar: er in demonstrativer Berührungsangst, stehend, sie aufrecht sitzend mit dem verzichtenden Lächeln einer schönen Mittzwanzigerin. Überhaupt: was verraten Lichtbilder als Wegmarken einer Gemeinsamkeit? In Worpswede sieht man die jungen Eltern Auge in Auge mit ihrer pummelig nackten Fleischpuppe, Rilke sich fest an die Schulter seiner Frau klammernd. Dann das Künstlerpaar auf einer Schloßterrasse, Distanz wahrend, Clara mit Rilkes faustgroßem Kopf in der Hand, den sie gerade modelliert. (Kenner ihres Werks stufen es als ihre beste Arbeit ein). Zum Schluß ihre parallelen Profile, beider Augenpaare wie auf alten Grabstelen, den klassisch antiken wie den altägyptischen, die Zukunft in einem fernen Irgendwo suchend. Die gemeinsam geplante Reise ins Pharaonenland, ein Tip von Rodin ebenso wie die Ägypten-Abteilung im Louvre, wurde getrennt unternommen und bildete den Auftakt zu Claras Emanzipation. Um Rainer Lust zu machen auf das Exotische, hatte sie ihm die *Erzählungen aus den Tausendundein Nächten* geschenkt. Ihre Reisebriefe von 1909 inspirierten Rainer, der ihr erst 1911 nachfolgte zu den »granitnen Katzen-Bildern« am Nil und den stummen Götterpaaren und »Riesenskarabäen«. In seinem mehrstrophigen Poem wird Clara als Urheberin des abenteuerlichen Exodus aus der westlichen Welt ausgeblendet, eine Unbekannte ins Spiel gebracht: »In Karnak wars. Wir waren hingeritten / Hélène und ich nach eiligem dîner. / Der Dragoman hielt an: die Sphinxallee …«

»Ist Reisen – Suchen?« lautet die Dichterfrage. An die einhundert sollen es zwischen 1903 und 1913 gewesen sein. Gelegentlich brach das Ehepaar gemeinsam auf; nach Dänemark, zu der Sozialpädagogin Ellen Key – sie hatte das »Jahrhundert des Kindes« ausgerufen –, oder nach Flandern zu den Alten Meistern, deren sanfte Jungfrauen in Rilkes Zyklus *Das Marien-Leben* auftauchen wie auch die strengen Heiligen, und weiter zu den sprechenden Kathedralen mit ihren gewaltigen Portalskulpturen. Noch war die Kunst ein einigendes Band für das bald auseinanderdriftende Paar.

Wenn Clara sich auflehnte gegen Rainers Postulat der inneren Ehe, der geistigen Verbindung bei körperlicher Trennung, bekannte sie sich doch zu ihrer Mission als Wegweiserin im neuen Land der französischen Kunst, der Malerei der Moderne. Noch standen sie beide auf unsicherem Boden, wie seinerzeit 1905 im Folkwang-Museum mitten im »freudlosen Industriebezirk«, wo sie sich die Namen einhämmerten: Paul Gauguin, Vincent van Gogh … »Wenn ich mich erinnere, wie befremdet und unsicher man die ersten Sachen sah«, schrieb Rilke 1907 nach dem Besuch der Cézanne-Ausstellung an Clara, seine Lehrmeisterin in Kunst-Dingen, die ihm insbesondere Cézanne, den Maler der traurigen Frauen mit den verwischten Mündern, nahegebracht hatte. Und gestand: »Du weißt, wie ich auf Ausstellungen immer die Menschen, die herumgehen, so viel merkwürdiger finde als die Malereien.«

Rilke erkor Paris zu seinem Wohnsitz bis zum Ausbruch des Ersten Weltkriegs, plazierte seinen Korrespondenten-Schreibtisch im opulenten Hôtel Biron, dem heutigen Rodin-Museum, das Clara für ihn anno 1908 ausfindig gemacht hatte. Und sie? Nachdem sie jahrelang unstet und ruhelos herumgezogen war, wie Clara schreibt, hatte sie seit 1911 in München ihr Heim gefunden, »mit Klavier und Telefon« und Tochter Ruth, für die es ein 10.000 Reichsmark-Stipendium von befreundeter Seite gab. Die Entfremdung von seinem Kind begründete Rilke mit seinem dichterischen Auftrag, der ihn geradzu zwinge, sich oft »feindselig« gegen die Nahen, »die mich stören und ein Recht haben auf mich«, zu verhalten. Die einvernehmlich mit Clara erwogene Scheidung kam 1911 / 1914 nicht zustande. (Rilke war 1901 aus der katholischen Kirche ausgetreten, um die Protestantin Clara Westhoff zu heiraten, doch ihm gingen die Dokumente seines Kirchenaustritts verloren; das Vorhaben scheiterte an den Fallstricken der Bürokratie.)

Bei aller »Indifferenz des Herzens«, die Rilke seinem Alter Ego im *Malte*-Roman zuschrieb, richtete er unermüdlich Briefe an sie, voller Klagen über seine Befindlichkeit oder die Unfertigkeit seines Gesichts, dem die Bildhauerin Clara Westhoff die von Rodin geforderte »Dingwerdung der Seele« einmeißelte. Rodins Tod im November 1917 führte das Paar zusammen in gemeinsamer Erinnerung. »Paris scheint mir ganz verödet ohne ihn«, schrieb Clara, die Rodin im Geiste »mit seinem schönen großen Gesicht, wie ein gotisches Grabmal« sehe. Der Meister hatte ihr nicht Modell sitzen wollen für eine Porträtbüste, worüber es zum Zerwürfnis kam, dafür wollte sie jetzt seine Totenmaske. »Du wirst ähnlich in Erinnerung und Trauer sein und mit Paris und allem in ihm Verlorenen diesen nun so endgültigen Verlust durchzumachen haben«, orakelte Rainer.

Die von Rilke erstrebte Phase der dauerhaften fernen Nähe setzte Clara zu. Sie unterzog sich einer mehrmonatigen psychoanalytischen Behandlung, die sie auch Rainer empfahl. Sie nannte ihn einen Feigling, weil er um seine innere Stabilität fürchtete.

Die Vertraulichkeit, ja Intimität ihres langjährigen Briefwechsels – nicht alles ist bis heute publiziert – schien geradezu angefacht durch die örtliche Trennung. Unbehindert durch die physische Präsenz, eröffnete er sich einem Menschen, einer Frau, die er eigentlich – nach eigenem Bekunden – als eine »Virago« schon in seiner Jugend abgelehnt hätte. Klagen über seine Gesundheit, Verzweiflung über die Weltlage, die revolutionären Umtriebe nach dem Krieg wechselten mit Eingeständnissen seiner finanziellen Nöte, Sorgen um die Unterhaltskosten für Tochter Ruth, Verlegerdebakel und wie weit seine lyrische Produktion gediehen war, die *Sonette an Orpheus* …

Er hatte ihr einen Sinnspruch für ihr neuerrichtetes Atelierhaus in Fischerhude bei Bremen gestiftet, das Clara 1919 mit Ruth bezog: »Da vieles fiel, fing Zuversicht mich an. / die Zukunft gebe, daß ich darf. / Ich kann.«

Die letzte Begegnung des Ehepaares fand im Mai 1924 auf Schweizer Boden statt und bescherte Clara und Rainer harmonische Momente: »Ich empfange eine Art von Elementarunterricht in der Kunst Großvater zu sein.« In den 1970er Jahren blättert Ruth Sieber-Rilkes zweite Tochter, Josepha Beyer, in der Familienchronik, aus der Clara höchst lebendig hervortritt: wie sie im Dorf Fischerhude als »Fru Rilke, de got war fürn wilden Westen« wirkte, nachts ein ausgebrochenes Pferd einfing, in einer Sturmnacht das für Studienzwecke nötige Skelett vom Dachboden manövrierte und die Eiche »Clara« vor der Axt bewahrte. Nach einem Besuch bei ihr soll der Philosoph Martin Heidegger gestanden haben: »... die Frau hätte ich auch gern geheiratet«. Er hatte Rilkes Wort, das Schöne sei »nichts als des Schrecklichen Anfang«, auf seine Weise gedeutet: »Wer reicht nicht in die Tiefe des Schönen, wer anders als die Liebenden?«

In diesem Sinn blieb Clara Rilkes Werk bis zuletzt verpflichtet. Sie trug Kind und Kindeskindern seine Ding-Gedichte vom *Panther* und dem *Karussell* vor, die *Erste Elegie*, Passagen aus den Weltkriegsbriefen: »Ich bekenne, daß ich das Leben für ein Ding der unantastbaren Köstlichkeit halte.« »Fülle« und »Güte« und »Zugeneigtheit des Daseins« übernahm sie als Stichworte von ihm. Sie begrüßte Menschen in ihrem Bildhaueratelier, die sich in seinen »inneren Räumen« auskannten: Gerhart Hauptmann, Dichter aus dem George-Kreis, Ricarda Huch, Heinrich Vogeler, Lou Andreas-Salomé. Das Kriegerdenkmal für einen *Gefallenen Flieger* brachte öffentliche Ehrung in Form einer Ausstellung. Sie hatte sich zur Scientology-Kirche bekannt.

Eine Photographie um 1940 zeigt Clara weißhaarig in knöchellangem Schwarz neben Rilkes posthumer Porträtbüste, lebensgroß den Raum dominierend. 1952, zwei Jahre vor ihrem Tod, gab sie Rilkes poetisch durchwehte Pariser *Briefe über Cézanne* von 1907 abschnittsweise zum Druck frei.

DER STURM WILL HEREIN

Der Sturm will herein,
ihm ist bang in den Bäumen.
Und ich bin allein
und traurig von Träumen,
die ich durchlitt.
Und ich sehne mich längst:
nicht sinnen und säumen, –
wie ein Hengst
ihn zähmen und zäumen
zu berauschendem Ritt.
Und des Sturmes Schritt
soll in leichtem befreiendem Wagen
weit an die Wipfel der Wälder schlagen,
über Wasser und Wall, über Nachten und Tagen,
über Hüttenhocken und Kirchenragen,
über Tiefen und Türme tragen!

Und du *komm hoch! Meinem jubelnden Jagen*
raub ich dich mit.

RAINER MARIA RILKE

Marie von Thurn und Taxis-Hohenlohe

DIE FÜRSTIN – MARIE VON THURN UND TAXIS-HOHENLOHE

Es kommt mir vor, Dottor Serafico,
dass der selige Don Juan ein
Waisenkind neben Ihnen war.

MARIE VON THURN UND TAXIS-HOHENLOHE

»Serafico«, so nannte die Fürstin den Dichter, zu dem sie unmöglich »Herr Rilke« sagen konnte, nachdem sie ihn bei sich in Böhmen auf Schloß Lautschin empfangen hatte und dann, im Frühjahr 1910, in Duino. Dort rezitierte er auf der Schloßterrasse sein berühmtes Lied:

Uraltes Wehn vom Meer,
Meerwind bei Nacht:
du kommst zu keinem her;
wenn einer wacht,
so muß er sehn, wie er
dich übersteht:
uraltes Wehn vom Meer,
welches weht
nur wie für Ur-Gestein,
lauter Raum
reißend von weit herein …

Das Castello di Duino, auf zerklüftetem Felsvorsprung gelegen, hoch über der Adria und nahe bei Triest, wurde Rilke Erfüllungsort für sein Daseinsgefühl wie für eine große dichterische Leistung, die seiner Fürstin gewidmeten *Duineser Elegien*. Filmkulissenhaft der monumentale Komplex mit einem ruinösen alten Schloß, einem Sasso di Dante, dem steilen Rilke-Treppenpfad zum Meer, einer »ehrwürdigen Bibliothek« und fehlender Elektrizität. Urkundlich verbürgte Schloßgespenster nährten Rilkes Hang zum Übersinnlichen. Daß er sich im Laufe seiner verschiedenen Aufenthalte dort immer wohler fühlte, verdankte er der verehrten Fürstin, die sehr wohl wußte, daß er nicht sein konnte ohne eine weibliche Präsenz. Um ihren Hofpoeten anzulocken, hatte sie sich bewährter Koketterie bedient als Frau ihres Alters mit Scheu vor dem Spiegel, »… und doch ein blühender Obstbaum, ein goldener Sonnenstrahl make me wild with delight.«

Ein Photo zeigt die große Liebhaberin der Musik und der Literatur mit fragendem Blick, in dunklen Pelz gehüllt.

Das Kinn in die Hand gestützt, frisiert wie die Vornehmen auf antiken Münzbildern, ein halb geöffneter Gib-mir-tausend-Küsse-dann-noch-hundert-Mund, frei nach Catull, dem römischen Dichter: »da mi basia mille …«

Marie von Thurn und Taxis-Hohenlohe (1855-1934), eine geborene Prinzessin zu Hohenlohe-Waldenburg-Schillingsfürst, hatte in Rilkes Geburtsjahr 1875 den Fürsten Alexander Thurn und Taxis geheiratet; aus der Ehe gingen drei Söhne hervor. Versippt, verschwägert, vernetzt mit dem halben Adel des Alten Europa und der Habsburgermonarchie, war sie die legendäre *Grande Dame* in ihrer Gesellschaftsklasse und für Rainer Maria Rilke eine – nur? – mütterliche Freundin.

Der Ton ihrer Briefe an ihn ist erotisch grundiert. Seine andauernde Verliebtheit, die sie ihm vorhielt, spiegelte auch die verwirrte Gefühlslage einer Mittfünfzigerin. Serafico hatte ihr bei den Boudoirgesprächen, da es um die Übersetzung von Dantes *Göttlicher Komödie* ging, auch seine Amouren gebeichtet, die mit dem Pariser Arbeitermädchen aus obskurem Milieu oder die mit Benvenuta, einer halbadeligen Pianistin. Warum er sich, fragte die Fürstin, immer diese »Trauerweiden« aussuche, die aber in Wirklichkeit gar nicht so traurig seien, Gänse, Nachteulen, Skorpione, »die uns das Leben versauern«.

Die Fürstin verwöhnte ihr »entzückendes Kind, näher an den Sternen als den Menschen«. Man reiste im chauffeurgelenkten Automobil. In Weimar sollte er Inspiration finden in Goethes Weihetempel. Wenn die Fürstin unterwegs war, wenn sie fortblieb einen ganzen Winter lang anno 1911 / 12, blieb Rilke, bis auf eine treue Bedienung, mutterseelenallein zurück und vergrub sich in der Bibliothek; er war so desperat, wie Marie Taxis ihn sich als Dichter wünschte. Sie sah ihn »den dunklen Phantomen der Nacht, aber auch erhabenen Visionen ausgeliefert«, den »Engeln«. Eine Profilskizze von Hand der Fürstin zeigt das große, lauschende Ohr, das noch im Sturm des Schirokko Stimmen vernimmt. »Wer, wenn ich schriee, hörte mich denn aus der Engel / Ordnungen? und gesetzt selbst, es nähme / einer mich plötzlich ans Herz: ich verginge von seinem / stärkeren Dasein. ...«

Es war der Beginn der *Ersten Elegie,* die er am gleichen Abend vollendete. Ein Zufallsgeschenk auf einem felsigen Pfad, wo er einer Weisung Rodins folgend »wie Michelangelo die Steine befragte«.

Eine weitere Quelle der dichterischen Eingebung mochten die spiritistischen Sitzungen in Schloß Duino sein; Marie Taxis gehörte der Londoner Society for Psychical Research an. Rilke führte das Protokoll bei den Séancen. Das Jenseits zu befragen war ein Unterhaltungsspiel der Vorweltkriegsgesellschaft. Rilke ließ sich hineinziehen in den medialen Spuk, halb gläubig entnahm er die Botschaft eines mit Papier und Bleistift versehenen Brettchens, einer sogenannten *Planchette*, wobei die Hände der Anwesenden mittätig waren: er möge sich nach »Toledo« begeben, dort warte eine mysteriöse Unbekannte auf ihn. Im November 1912 reiste er ins christlich-islamische Spanien, wo er in den Kathedralen, unter den farbglühenden Altargemälden von El Greco, sich Impulse erhoffte für seine Lyrik, die Elegien wie *Das Marien-Leben.* Seine Vision von der Himmelskönigin – »Goldgewordne wie die hohe Ähre« aus dem Gedicht *Mariae Himmelfahrt* – zeichnet zugleich das Stimmungsbild des Dichters; wie auch die felsig aufsteigende Stadt Toledo ihn überwältigte. Die Kälte sei hart im inneren Spanien, schrieb er der Fürstin, die im Februar 1913 ihren aus Córdoba, Sevilla und Ronda heimgekehrten trostsuchenden Serafico mit gewohnter Empathie empfing. »Ich sage Ihnen, Fürstin, (nein, nein, Sie müssen mir's glauben) es muss mit mir anders werden, von Grund aus, von Grund aus … sonst sind alle Wunder der Welt umsonst.« Duino blieb ihm Rückzugs- und Aufbruchsort.

In ihren *Erinnerungen an Rainer Maria Rilke* erscheinen seine wechselnden Aufenthalte in einem warmen Licht. Die profunde Menschenkennerin hatte nicht nur seine Gefühlstiefen ausgelotet – »Sie sind verliebt (nicht raisonnieren!), Sie sind verliebt und immer verliebt (wer, wie und wo ist gleichgültig)«, – sondern auch seine Naturverbundenheit. »Steineichen, Zypressen, Lorbeer-, Oliven- und Feigenbäume wucherten frei und üppig durcheinander« im Schlossterrain, wo Rilke sich gleichsam einem knorrigen Ölbaum anverwandelte. »Ihm war, als stünde er in einem anderen Leben, in einer längst vergangenen Zeit – alles was je hier gelebt, geliebt und gelitten hatte, kam zu ihm, umgab und bestürmte ihn, wollte von neuem in ihm aufleben, von neuem lieben und leiden.«

Die Schloßbibliothek bot Raum genug für die historische Erforschung uralter Leidenschaften. »Ich möchte alles auf einmal lesen und dabei behalt ich das Mindeste, es ist schrecklich, die Mäuse des Kummers von der einen Seite, die Raubvögel des Gefühls von der anderen haben mein

Gedächtnis rein aufgefressen ...«. Wie im Film folgen die Episoden aufeinander. Die Aufheiterungsversuche der Fürstin! Wie sie ihm von den großen, luxuriösen Madonnenpuppen erzählte, den spanischen und venezianischen, und Exkursionen im Friaul mit ihm unternahm auf der Suche nach Reliquienschreinen. Wie sie ihm ihre Schränke und Souvenirschachteln öffnete voller Spitzen und Stickereien, Fächer und Flakons, die er inventarisierte, in gestochener Schrift. Und wie er ihr in einem Poem versicherte »... daß man etwas erst in die Schatullen / legen dürfte, um sich im Geruch / von Erinnerungen einzulullen; / daß man endlich in dem Tagebuch // einen Anfang fände, der nicht schon / unterm Schreiben sinnlos wird und Lüge.« Das Gedicht trägt den Titel *Damen-Bildnis aus den Achtziger-Jahren* und scheint gemünzt auf die junge Marie Taxis: »Wartend stand sie an den schwergerafften / dunklen Atlasdraperien ...« Das war die Zeit von Marcel Prousts Jahrhundertepos von der *Suche nach der verlorenen Zeit,* dessen erster Band, *Du côté de chez Swann / Unterwegs zu Swann,* 1914 Rilke in Paris in die Hände fiel und den er seiner Fürstin für Lesungen an Sommerabenden auf der Terrasse empfahl.

Beide durchlitten sie Verluste im Ersten Weltkrieg. Duino wurde zerstört, Rilke mußte seine Pariser Wohnung verlassen, einiges von seiner versteigerten Habe retteten Schriftstellerkollegen, André Gide, Cocteau. Wohlmeinende, darunter die Fürstin Marie von Thurn und Taxis, griffen ins

Räderwerk der Bürokratie und bewahrten Rilke vor weiterem Frontdienst mit der Waffe; 1916 gelangte er in Wien – nicht sehr glücklich, wie er Marie Taxis wissen ließ – ins Kriegsarchiv. Der Uniformkragen zwängte ihn ein, drosselte sein lyrisches Schöpfertum. Er logierte im Wiener Palais der Fürstin, die ihn, um ihn seinen »Dämonen« zu entreißen und mit Mozart zu beglücken, in die Hofoper mitnahm und einschleuste ins Oratorium der Geheimen Räte als ihren »Neffen, Freiherr von Rilke«.

In den Folgejahren kreuzten sich die Wege der beiden passionierten Reisenden; oft auf den Ruf des einen oder des anderen traf man sich in Berlin, Venedig, Genf oder im Tessin.

Unverändert blieb der vertrauliche Ton ihrer Briefe; um eine Nuance mütterlicher und seltener flirtbereit die hohe Dame, die Rilke mit der Entwirrung familiärer Konflikte beauftragte. Und er übersprudelnd von seiner ewigen Frauensehnsucht bei all seinen handfesten – und zwanglos gebeichteten – Affären. »Armer Serafico, wie angstvoll hat er immer wieder gefragt, ob ich nicht glaubte, usw. … Seine Frage wäre recht naiv und egoistisch, wenn man nicht darin den herrischen Willen dieses Schicksals spürte, das durch keine Gewalt aufgehalten werden kann …«

In Rilkes späten Münchner Jahren 1918 / 19 überraschen scharfe kritische Akzente, so noch vor der November-Revolution am 30. März 1918 an die Fürstin: »… ich verstehe jetzt, wie Menschen und Thiere eingehen können, wenn sie in ihrer ganzen Umwelt kein Ding mehr haben, das sie kennen: was ist uns noch bekannt in dieser entstellten Zeit? … Sie verwüstet mir meine Erinnerung … und wenn man dann plötzlich entdeckt, wie man mit den Ausdrücken der Zeitung sich unterhält, so ergreift einen Ekel und Grauen vor dem eigenen Munde.«

Rilkes tiefen Verstimmungen entgegenzuwirken, sah Marie Taxis als eine ihr vorbestimmte Aufgabe, sie ging den Dingen auf den Grund. Ihr Serafico rang mit seinem »schrecklichlichen Engel«, seit zehn Jahren wollten sich nach den ersten drei Elegien die herbeigesehnten weiteren seines Hauptwerks nicht einstellen. »Ach, da wir Hülfe von Menschen erharrten: stiegen / Engel lautlos mit einem Schritte hinüber / über das liegende Herz.« Er suchte den einsamen Weg, den die Fürstin ihm prophezeite, wie an jenem schicksalsträchtigen Tag in Duino im Winter 1912, der Geburtsstunde der *Ersten Elegie*, welcher Begriff in der Antike als melancholisches Klagelied firmiert. Rilkes Leitmotiv bilden Engel, nicht im christlichen Sinn, sondern als gefürchtete Spiegel der menschlichen Psyche: »fast tödliche Vögel der Seele«.

Wie hatte ihm doch die Fürstin geschrieben: »Ich merke, dass die Engel wieder ganz nahe sind, es rauschen die Flügel …« – und so geschah es, am 11. Februar 1922: »Endlich, Fürstin, endlich der gesegnete, wie gesegnete Tag, da ich Ihnen den Abschluß – so weit ich sehe – der Elegien anzeigen kann: zehn! ... von der letzten zittert mir noch die Hand! ... Alles in ein paar Tagen, es war ein namenloser Sturm, ein Orkan, im Geist (wie damals auf Duino), alles was Faser in mir ist und Geweb, hat gekracht –, an Essen war nie zu denken, Gott weiß, wer mich genährt hat.«

Am 7. Juni im Château de Muzot auf Schweizer Boden die Lesung am Stehpult, tränenreich. »Haben Sie Dank«, schrieb ihm die Fürstin, »wir haben nie ein reiferes Wiedersehen gehabt ...«.

Sanatoriumsaufenthalte bestimmten, wann sie sich treffen konnten, und Krankheiten – seine, ihre – den Rhythmus ihrer Briefe. Der Magnet, der sie zusammenführte, hieß Literatur; nicht mehr Dante oder Petrarca, sondern die Neuerer der Moderne, James Joyce und T. S. Eliot, warben um Welt-Verstehen. Unbeeinflußt von ihnen, verfaßte Marie von Thurn und Taxis im Alter ihre verklärten Erinnerungen an Rainer Maria Rilke, denen sie die Anfangszeilen der *Zehnten Elegie* voranstellte:

»Daß ich dereinst, an dem Ausgang der grimmigen Einsicht,
Jubel und Ruhm aufsinge zustimmenden Engeln.«

Anna de Noailles, Porträt von Philip Alexius de László, 1913

DIE LYRIKERIN – ANNA DE NOAILLES

Es gibt keine Zeit
außer der Zeit der Liebe.

ANNA DE NOAILLES

Ein neuer Stern flammte auf an Rilkes Horizont, ein *Star* am Literatenhimmel über Paris. Ein Talent, beseelt von der Leidenschaft einer griechischen Sappho auf Lesbos von vor zweitausend Jahren und gefeiert wie jene – eine ›Pariser Sappho‹. Weil sie, wie man sagte, »die griechische Poesie in ihrer Jugendfrische zeitlebens« verkörpere.

Rilke hatte das dichtende Wunderkind der Pariser Gesellschaft schon im Atelier von Rodin wahrgenommen, der sie modellierte und dem sie ihre Poeme vortrug; was ihr so leichtfiel wie das Ein- und Ausatmen. Er hatte etwas von ihr gelesen, ihr 1907 einen Essay gewidmet, *Les livres d'une Amante*, und 1908 von Capri aus seine *Neuen Gedichte* geschickt. Sie wurde sein Neben-Ich, sein Zwillings-Du.

Anna Elisabeth Comtesse de Noailles, geborene Princesse de Bibesco de Brancovan (1876-1933), war die Tochter eines rumänischen Fürsten und einer Adeligen aus Kreta, Rachel, »eine kretische Rose und makellos schön wie eine Marmorskulptur«. Anna Elisabeth gab sich aus als »fille des rois, Tochter von Königen, Tochter uralter Seelen und des Minos«. Klein von Statur und schwarzmähnig wie eine der Nymphen oder Halbgöttinnen auf antiken Amphoren, wetteifernd mit ihnen an Grazie und modischer Eleganz.

Laß dir, daß Kindheit war, diese namenlose
Treue der Himmlischen, nicht widerrufen vom Schicksal, …
denn zeitlos hält sie das Herz …

Drei Schauplätze spiegeln das Heranwachsen des ungestümen, selbstverliebten Wesens, das sich im Bewußtsein seiner Besonderheit vorstellt – »Ich hätte gebebt vor heiligem Zorn, vor Skrupeln und Reue bei dem Gedanken, erschaffen und mit dem glühendsten Herzen in den Mittelpunkt der Welt gestellt worden zu sein, ohne an allen möglichen Stellen des brausenden und von Lüften durchzogenen Universums, des irdischen oder ätherischen, meinen Widerschein und meine Spur zu hinterlassen.« Drei Nährböden speisten das lyrische Talent. Das düstere, von Perserteppichen überquellende Stadthaus in Paris, avenue Hoche, das ›Mausoleum‹ eines lufthungrigen Kindes; das sommerliche, von Blumenranken umgebene Châlet Amphion am Genfer See, ein Paradies ebenso wie das großväterliche ›Blaue Palais‹ am Bosporus, wo der Orient sich dem Geist und den Sinnen öffnete. Ein von der Literatur gespeister, ewig amouröser Orient, wo sich ein empfängliches Gemüt einstimmte »in die einzige, ewige Liebesklage, eine auf- und absteigende

Fontäne in den einsamen Gärten der Poesie, wo ›la Plainte de la Mort‹, die Todesklage lauert«.

Anna in Schwarz, eine dreizehnjährige Halbwaise, entflammte für den Anbeter ihrer verwitweten Mutter, den polnischen Klaviervirtuosen Ignacy Paderewski, den späteren Politiker und Regierungspräsidenten. Der »Rote Erzengel« trug zur mystischen Phase der Adoleszentin bei. Ihre poetischen Reverien, wo sie alles sein wollte – Stern, Wolke, Vogelschwinge, Laub und Duft –, zerstoben ebenso wie der Gedanke, einer »heidnischen Heiligen« zu gleichen, die davon träumt, »hundert Menschen zu sein«.

Fünfzehnjährig stürzte sie sich in die Erkundung ihres eigenen Ich mit Hilfe religiöser Schriften, füllte ihre *carnets* mit Zitaten aus Pascals *Pensées*, aus dem Erbauungsbuch *De imitatione Christo* des Mystikers Thomas à Kempis aus dem 14. Jahrhundert und den Evangelien, fügte eigene Gedichte im Stil der Psalmen hinzu, machte sich das Wort des dämonischen Dostojewski zu eigen: »Derjenige, der mehr leidet, ist es würdig, mehr zu leiden.« Das vertrug sich durchaus mit einem Gebet an den »Gott der Liebe«: »Oh laß mir meinen Traum und brich ihn nicht.«

In die Mitte der 1890er Jahre fielen Krankheit und Genesung. »Oft beugt sich der Körper unter dem Gewicht der zu großen Seelen«, heißt es bei Proust. »Nervöse Zustände und bezaubernde Gedichte können sehr wohl untrennbare Manifestationen ein und derselben stürmischen Macht sein.«

Der 19. Juni 1901 ging in die Annalen ein. Annas »cher Marcel« – sie kannte ihn seit seinem Besuch 1893 in Amphion – hatte für die verehrte *femme-mage* eine Festtafel arrangiert, mit den feinen Köpfen von Paris, dekoriert mit den Feld- und Wiesenblumen aus ihrem ersten Gedichtband, *Le cœur innombrable*, etwa »Das Unzählbare Herz«.

Meine Verse sind vor mir wie ein göttlicher Garten
voller Rosenstöcke von hohem Wuchs …

Proust reihte die Sängerin des Bukolischen, Sängerin mit der »weißen Kehle«, unter die »Sechs Gärten« seines »Paradieses« neben Maeterlinck und Claude Monet ein. In seinem frühen Roman *Jean Santeuil* setzte er ihr ein Denkmal in Gestalt der Vicomtesse Gaspard de Réveillon, einer begabten Causeuse, extravagant bis zur geistigen Verwirrung.

Annas ›Feenmärchen‹, wie sie ihre Verlobung nannte, mündete 1897 in die Vermählung mit dem jungen Offizier und Adelsspröß Mathieu de Noailles; der einzige Sohn des Paars, Anne-Jules, setzte die bis in die Zeit der Kreuzzüge reichende Familientradition fort.

Annas Domizil an der Avenue Henri-Martin bot den passenden Rahmen für Capricen, für Kapriolen, wenn sie vor den Augen des *Maître d'hôtel* und des Lakaien auf einen Stuhl kletternd ihren Rock fallen ließ, wegen einer »Maus im Saum«. Diners mit Champagner für Politiker und Literaten, Tee-Nachmittage im Boudoir für die Intimi – die Gastgeberin, unaufhörlich monologisierend, lag ausgestreckt in einer »seidengepolsterten Barke unter seidenen Segeln«. Von Männern bewundert, warf sie ihre Netze aus, es kam zu Gefühlsverstrickungen. Die Brüder Léon und Lucien Daudet, bekannte Proustfreunde, entwanden sich ihr. Gescheiterte Hoffnungen sind der Stoff für Romane. »Prosa ist das einzige Kleid für alles, was das Leben an Schmerz hat.« Im Jahre 1903 erschien *La Nouvelle Espérance*, 1905 warf *La Domination* Schlaglichter auf das Drama einer langjährigen Leidenschaft, die Anna de Noailles an den Lothringer Politiker und Schriftsteller, Patrioten und Dreyfus-Gegner kettete: Maurice Barrès. Einst »Prinz der Jugend« und Dandy von leicht anarchistischer Couleur, stand er einer glühenden Dreyfus-Anhängerin gegenüber. Streitend unterlagen sie ihrer beiderseitigen Faszination. Der Romantiker sah in Madame de N. die Inkarnation seiner juvenilen Orientträume, eine berückende biblische Esther. Und behauptete dennoch, es sei »ein Verbrechen, den kleinen Körper eines byzantinischen Christus zu berühren«.

Anna wand sich in »amour et volupté«, womit keineswegs die physische Wollust gemeint war, sondern die seelische. In ihre Gedichtsammlungen *L'Ombre des jours*, *Les Éblouissements*, *Le visage émerveillé* schleichen sich Todesgedanken ein. »Ich tauche mein Gesicht in meine Hände …«

Der Suizid eines glücklos liebenden Dichters und Neffen von Barrès im August 1909 verdunkelte Anna de Noailles Ruf, sie galt nun als Verführerin aus Rache an dem ungetreuen Geliebten, Maurice. Rilke würde es ihrem »antiken griechischen Blut« zuschreiben.

Das Doppelgestirn im Zeichen von Eros und Thanatos traf am 13. Dezember 1909 im Tea-Room des Pariser Hôtel Liverpool zusammen. Die Comtesse in überladenem Federhut über ihrem adlernasigen Profil. »Während ich ihr half, sich aus einem Mantel mit engen Ärmeln zu befreien, zitternd vor Furcht, ihr einen Flügel zu brechen, warf sie mir über ihre entgleitende Schulter eine erste Frage zu, die voll von ihr selbst war: ›Herr Rilke, was halten Sie von der Liebe, wie denken Sie über den Tod?‹ Hätte man antworten müssen, es wäre für immer gewesen.« Zwischen »zwei Wimpernschlägen« entschied er sich gegen sie, »die köstliche Poetin, für die alles, was nicht sie selbst ist, eine rivalisierende und feindliche Macht zu sein scheint«. Sie wiederzusehen würde das Ende seines Ich bedeuten, »ich würde ihr Sklave sein«. Flucht und die Bitte um Pardon: »Vor Ihnen zu stehen, von Angesicht zu Angesicht, ist ein Seelenzustand von solcher Intensität, daß meine Arbeit unter dieser Rivalität leiden würde.«

Mit allem Mut und aller Vorsicht, wie er an die Fürstin Thurn und Taxis schrieb, die bei dem Rencontre ihre Finger im Spiel hatte, sei er Madame de Noailles ausgewichen und ihrem ganzen Gefolge von Gefahren.

Ihre betörende Ausstrahlung fixierte der Maler Ignacio Zuloaga 1913 im Porträt Annas als *Dame en rose* vor einem dräuenden Hintergrund, so als hätte der den Weltkrieg prophezeiende Halleysche Komet, wie man 1910 glaubte, einen blassen Feuerschweif hinterlassen.

Bei Ausbruch der »blutigen Demenz«, der »démence sanglante de la guerre mondiale« nach Anna de Noailles, überfielen Rilke Visionen gewaltiger Art, seine dröhnenden *Fünf Gesänge*:

Zum ersten Mal seh ich dich aufstehn
hörengesagter fernster unglaublicher Kriegs-Gott. …

»Eben noch Himmel des Sommers. Sommerhimmel. Des Sommers innige Himmel über den Bäumen und uns …«, schrieb er und stimmte Anna auf ihre patriotische Mission ein, die mit dem Abschiednehmen von den Kastanien an den Champs-Élysées begann und in Lyrik überging.

Man sah sie losmarschieren, sich ihren Platz erobern in der ›Histoire‹,
Entfesselte Regimenter, Alphabet der Siege …

Mit der Feder als Waffe stürmte eine Dichterin in den Krieg. Unerschrocken und exzentrisch bot sie der Umwelt ihr Bild. »Comtesse Minerve« in den Augen Cocteaus. Weil sie nach ihrer Flucht aus Paris mit Staatsmännern der verschiedensten politischen Richtungen paktierte, wie Aristide Briand und Georges Clemenceau, denen Madame de Noailles strategische Ratschläge gab, und sie auch hohe Militärs verblüffte mit Beredsamkeit und Enthusiasmus, stellte Maurice Barrès sie dar als eine »orientalische Prinzessin, die sich dem herrschenden Sultan zuneigt«.

Andere wiederum sahen sie als einen exotischen Vogel die flandrischen Schlachtfelder überfliegen, wo sie in Wahrheit Kurierdienste leistete und bis nach Verdun vordrang, um Mathieu nahe zu sein, und wo der Schock in den Schützengräben ihre poetische Energie freisetzte. »Männer mit Wolfsaugen, Zerrissene, Blutbefleckte, wundenklaffend mit schweren Händen, gelassen nach der Wucht des Tötens.« Impressionen aus den Lazaretten, wo sie mit ausgebreiteten Armen Gedichte rezitierte und wo sie in Trikotagen für die Poilus eines ihrer langen blauschwarzen Haare mit einstrickte. Meditationen über die zu früh Dahingegangenen enden in einem Rilke verwandten Ton:

Sie haben Sterne in den Abgrund gesät.

Während Rainer Maria Rilke in Wien 1916 unter seiner Schreibblockade litt (nach dem Einrücken zur Grundwehrübung folgte die Arbeit im Kriegsarchiv), verfaßte Anna de Noailles in ihrem vielphotographierten Alkoven in der rue Scheffer in Paris ihr Kriegstagebuch in Gedichtform. Gedämpftes Saitenspiel am 11. November 1918:

Die Sintflut hörte auf. Die Menschen rufen es sich zu.
Man zählt die Lebenden. Der Erdball ist verwundert,
ein uralt Glück schien ihm jetzt neu geboren:
Der Friede! ...
Doch eine Traumlast überwältigt mein Gemüt:
Die Toten wissen's nicht.

Anna de Noailles war zu einer der bekanntesten *femme de lettres* avanciert, als sie sich wiedersahen. Zwei Sprachmächtige deutscher und französischer Zunge im Gewirr einer Pariser Soiree, auch Rilke jetzt ein Gefeierter. Madame de Noailles, die Beinahe-Geliebte zwischen zwei Wimpernschlägen, versicherte, wie unvergeßlich ihr das alles sei und wie schön seine Verse *en français* ... Ohne voneinander zu wissen, waren sie sich in den revolutionären Nachkriegsjahren, dank unsichtbarer Antennen, nahegekommen: Rilke in München als Sympathisant der Räterepublik von 1919 und mit seinem Verständnis für »die Dictatur des Proletariats«, wie er einem Gönner anvertraute.

Die Comtesse am Rednerpult eröffnete eine politische Konferenz ungeachtet ihrer mondänen Aufmachung so: »Mais oui, je suis socialiste, anarchiste peut-être«, sie glaube an das Volk und an die Brüderlichkeit der Völker, an die Wissenschaft, die zur Gerechtigkeit und zum Mitleid führe: ihre Hoffnung sei eine Zukunft »wie ein ewiger Sommer«.

Ihren Befürwortern und sozialistischen Freunden in der Dritten Republik dankt sie 1931 die Aufnahme in die Ehrenlegion: die erste Frau mit der roten Krawatte des ›Commandeur‹. »Sie werden aussehen wie eine erdolchte Taube«, schrieb Cocteau.

Sie verfaßte ihre Memoiren, *Le Livre de ma Vie* (1932), und verließ das Leben im Wissen, »daß ich an mir selbst sterbe. Dem NICHTS habe ich genügend Geschenke gemacht.« Im Jahr 1933 wurde sie mit einem Staatsbegräbnis geehrt.

Ihr Leitwort hieß: »L'honneur de souffrir«.

DIE SONETTE DER LOUIZE LABÉ 1555

Das einundzwanzigste Sonett

Wie muß der Mann sein, Farbe, Haar und Wuchs,
damit er ganz gefalle? Welche Blicke
begegnen nirgends eines Widerspruchs?
Wer fügt die Wunden zu, die die Geschicke

nicht heilen können? Welches Lied allein
hat alle Macht der Welt? Wer kommt am weitsten,
wenn er ihn singt, in seinen Schmerz hinein?
Und wasfür Dinge sind es, die uns reizten?

Ich bin entscheidend nicht in solchen Sachen,
die Liebe hat mein Urteil in der Hand.
Ich weiß nur eins: der schönste Gegenstand

und alle Kunst, die die Natur erhöhte,
vermöchten nimmer, wenn man sie mir böte,
mir meine Sehnsucht sehnender zu machen.

RAINER MARIA RILKE

Eleonora Duse, ca. 1905

DIE TRAGÖDIN – ELEONORA DUSE

Die Duse war sehr großartig heute,
von einer Traurigkeit, wie Wolkenbildungen
sie oben haben können.

R. M. RILKE 1912 IN VENEDIG

Rainer Maria Rilkes Verehrung der gefeierten Diva aus Italien fiel in die Zeit um die Jahrhundertwende, als der junge Dichter um Rang und Namen bemüht war und *sie* eine Weltberühmtheit. Nun, im Spätsommer 1912, suchte sie Hilfe. Viel zu früh hatte sie sich im Jahr 1909 vom Theater verabschiedet, unter Tränen und Jubel des Publikums, sie war einundfünfzig. Jetzt drängte ihr Bühneninstinkt sie zurück auf die Bretter, die sie schon als Kind betreten hatte; nicht um zu spielen, sondern »um zu sein«.

»Spielen! Welch häßliches Wort! Ich spüre, daß ich es nie verstanden habe und es nie verstehen werde, zu spielen!« Am Ende seien die »verderbten und verlogenen, die sündigen Frauen« aus den Dramen in ihr Bewußtsein eingegangen, »weil sie um ihre Lügen litten, um den Verrat oder um die Liebe«.

Eleonora Duse (1858-1924), als Tochter von Wanderschauspielern im lombardischen Vigevano geboren, wurde zum Zeichen ihrer Außergewöhnlichkeit wie eine Reliquie in einem Glaskästchen zur Taufe getragen. Shakespeares Julia – mit frischen Rosen als Requisit – sicherte der Fünfzehnjährigen ihre späteren Erfolge; sie beherrschte das klassische Repertoire und das der Vormoderne, das seidenrauschende Salongenre wie ihre Rivalin Sarah Bernhardt und das öde symbolistische eines Gabriele D'Annunzio (1863-1938). Sie erkor den schillernden Dichter und Romancier 1895 zu ihrem Mentor. Eleonora wurde seine Geliebte. »Amori et dolori sacra (Der Liebe und dem Schmerz geweiht)« hieß das Motto ihrer beider Passion. Es bedeutete Rausch und Lebensknick und fast ein Scheitern. Der gemeinsame Traum von einem National-Theater als »Gesamtkunstwerk« für Italien (im Stil von Bayreuth) erwies sich als Utopie. Das Feuer erlosch, Eleonora Duse ging mit ihrer Truppe auf Tournee. Wo immer sie gastierte, sprach sie italienisch, verließ sich auf die suggestive Kraft ihrer dunkel melancholischen Augen und die Gesten ihrer berühmten Hände, »als besäßen ihre Finger Antennen, die weit über sie hinausreichten«. (E. Le Gallienne) Sie ergraute und trat ohne Perücke auf, als Kameliendame, als Heroine in D'Annunzios Tragödie *Die tote Stadt*, als unglückselige *Frau vom Meer* von Henrik Ibsen. Rilke hatte sie auf der Höhe ihrer Kunst erlebt in der Rolle der gedemütigten, schicksalserfahrenen Frau.

Rilkes Hymnus auf die Duse von 1907 folgen Passagen in seinem *Malte*-Roman 1910, wo er sie hineinphantasiert in das antike Amphitheater in Orange in der Provence. Wo die

Zuschauer an dem »ausgestellten Schmerz der Tragischen ihre eilige Neugier vergnügen«.

Die Begegnung mit der seelenverwandten Künstlerin im Sommer 1912 barg für Rilke schon den Kern einer Enttäuschung; seinem langen Wünschen und Wollen stand die ihm eigene Hemmung entgegen. »Feig wie ich jetzt bin ...«, die Furcht vor einer Entstellung »des schweren Mundes mit dem berühmtesten Lächeln wie ein Lied«, der breite, robuste Körper »wie eine Fassung, aus der schon einmal der Stein gefallen ist« – so verbrämt Rilke seine Ernüchterung.

Da er unweit von ihr im Mezzanin des Palazzo Valmarana der Fürstin Thurn und Taxis logierte (vom 1. Juni bis zum 11. September 1912), ergab sich ein lockerer Verkehr, der anekdotenreichen Briefstoff bot. Der gefällige deutsche Nachbar, mit dem sie französisch sprach, begleitete die Unbehauste auf ihrer Suche nach einer Wohnung. »... Und wir wählen / eine Gondel, schwarz und schlank: / Leises Gleiten an den Pfählen / einer Marmorstadt entlang.« Im herrlichen Palazzo Pisano eine »Palasttreppe« für die Duse, welche »die erste Treppe wie eine Fürstin, die zweite zögernd, etwas asthmatisch – die dritte wie eine Bettlerin« erklomm.

Ohne Schwalben »hoch oben« könne sie nicht wohnen, ließ sie den Freund wissen. Sieben undatierte Botschaften an ihn sind erhalten, in flüchtigen, verhuschten Schriftzügen wie Vogelspuren. »Wenn Sie frei sind / ›morgen‹ / um vier Uhr / werde ich Sie / mit meiner Gondel abholen / um nach Santa Rosa / zu fahren. / Bis morgen, / Merci / Eleonora Duse / Freitag.«

Picknick auf einer besonnten Insel bei Teegeplauder, die Duse auf der Photographie im weißgerafften Bühnenkostüm. Ein markerschütternder Pfauenschrei zerreißt die Idylle. »Serafico aber fühlte sich irgendwie solidarisch« mit dem Unglücksvogel, laut Marie von Thurn und Taxis. Ein andermal war es eine im Vorhang sich verfangende brummende Fliege, »eine Art gigantische Spinne«, die einen Nervenschock bei ihr auslöste und den »ganzen Himmel verfinsterte«. Rilke schrieb der Fürstin von Tagen »völligen Skelettiertseins, als ob Ameisen alle meine inneren Gerüste reinlich ans Licht gebracht hätten«.

Rilkes Gastgeschenk für die Duse hatte Staub angesetzt: die im Jugendeifer verfaßte Hommage an die berühmte Aktrice schien inopportun. *Die Weiße Fürstin. Eine Szene am Meer* von 1898, ein Versdrama in einem Akt, zeitlich in der Frührenaissance verortet, wollte allegorisch Tod und Sexualität gegenüberstellen. Dafür schien Eleonora Duse wie geschaffen – Frauenschicksals-Rollen waren ihr wie auf den Leib geschrieben. »Cypressen«, die Villa am Meer, schaumschlagende Wellen wie auf einem Gemälde von Böcklin (Rilke muß es gesehen haben in der Schack-Galerie in München) boten die passende Kulisse für eine ihrer Entführung harrende schwarzumhüllte Gestalt:

Daß ich allein bin. Daß ich hier gebiete.
Daß seine Barke landen kann am Strand.
Und daß ich einen, welcher uns verriete,
erwürgen würde: hier, mit dieser Hand.

Ein »übermenschlich dämonisches Wesen« sah Hugo von Hofmannsthal in der Duse, »gereift an der Glut ihrer Schmerzen, der Schmerzen, die sie gelebt und gespielt hat«. Wie jede große Persönlichkeit bot sie sich dichterischer Deutung an. Am weitesten in der Ausbeutung ihrer Person ging Gabriele D'Annunzio, bis hin zur Persönlichkeitsverletzung in seinem Roman *Il Fuoco* (*Das Feuer*) von 1900. Die »Divina« als Alternde eine Verlorene, eine Düstere, eine neurotische Schauspielerin. »Er hat mich so bloßgestellt, daß ich mich nackt fühle. Sein grausames Genie hat mich neu geschöpft. Er hat mich vorgeführt wie ein Tier auf dem Markt.« Schauplatz des Künstlerromans ist ein vom Untergang bedrohtes Venedig. »... doch die Paläste an stillen Kanälen / verraten nichts mehr«, heißt es in einem Gedicht von Rilke.

Flanierend mit der Duse über die Plätze und Brückenbögen der Serenissima in der »von Klarheit überreizten Luft«, erlebte Rilke unvergeßliche Momente. Wie die ihn faszinierende, in Trauer versunkene Frau an die eisernen Gitterstäbe einer Marmorbalustrade nahe der Santa Maria della Salute faßte und dem Begleiter ihr »schönes, leidgezeichnetes Antlitz« zuwandte und sagte: »Sehen Sie, in meinen Händen werden alle Stäbe zu Gefängnisstäben.«

Die überall vom Wasser belebte Lagunenstadt wird zum Spiegel ihrer Begegnung. »Wir waren wie zwei Schalen und bildeten übereinander eine Fontäne«, so Rilke an die Fürstin von Thurn und Taxis. »Wir waren wie zwei, die in einem alten ›Mystère‹ zur Handlung kommen, sprachen, wie im Auftrag einer Legende.«

Zukunftspläne stiegen fontänengleich auf und stürzten wieder ein: die Rückkehr der Duse zum Theater. Rilke schwebte ein mittelalterliches französisches Passionsspiel vor mit der Duse in der Rolle der Schmerzensmutter. Ihr jedoch schien »das schöne Paradies der Arbeit zu ferne und zu verborgen«. Verzicht und Hoffnung flossen in ihre Briefe an Rilke ein.

»Ich liebe Ihre Briefe … Ich liebe den Regen und seinen Gesang, wenn noch Sommer ist. … Ich liebe Sie und habe heute mehr Mut, Sie zu grüßen und Ihnen zu sagen: Vergessen Sie mich nicht, E. D., Venedig 7. 8. 12«

Im Sommer 1914 erfuhr Rilke, die Duse plane, seinen Gedichtzyklus *Das Marien-Leben* auf italienisch vorzutragen, im Nonnenkleid … sie, die einst im barocken Prunkgewand der Kaiserin Theodora Erfolge errang und sich vorkam »wie eine Madonna – ohne Heiligenschein« (an eine Freundin am 20. März 1885).

Rilkes Bemühungen um ein »Duse-Theater« in Deutschland, »wo doch so viel möglich sei«, scheiterten. Vor einem Wiedersehen mit ihr in Venedig im Sommer 1920 ergriff er die Flucht, verfolgte aus der Ferne, dem Schweizer Exil, mit gezügelter Sympathie ihre Karriere. »Solle sie etwa in Nebel und Rauch untergehen? Ein Gefäß, aus dem Tragik ausflösse und das doch nur umgestürzt und nicht zerbrochen sei.«

1916 spielte sie eine Mutterrolle in einem Stummfilm; *Asche* wurde kein Avantgarde-Ereignis mitten im Weltkrieg. Das Medium verlor seine Faszination für die Duse. Noch einmal erlangte sie ihren Ruhm als Diva, als verblassender und dennoch bejubelter Star, 1921 in Turin. Blumen flogen ihr zu, Mussolini bot ihr eine Staatsrente, doch sie beharrte auf einem eigenen Theater.

In Geldnöten, geschwächt von einer seit Jugendtagen immer wieder ausbrechenden Tuberkulose, ging sie mit ihrer Truppe auf Tournee, nach Übersee und zum dritten Mal in die Vereinigten Staaten. Während der Eisenbahnfahrten längs der ermüdenden Prärien sehnte sie sich nach südlicher Sonne und klösterlicher Ruhe. Ihre letzten Triumphe errang sie 1923 an der Metropolitan Opera in Dramen von Ibsen und D'Annunzio, ungeschminkt und weißhaarig, wie ein Phantom ihrer selbst.

Noch vor ihrem Tod (sie starb 1924 an einer Lungenentzündung in Pittsburgh) gedachte Rilke, »ihr siegreiches Dasein zu verewigen, indem wir einem jener milden, traurigen und starken Sternenbilder ›ihren‹ Namen geben, Sternenbilder, die ihrerseits dort oben das aussagen, was über uns hinausgeht«.

Rilkes Gedicht *Bildnis* verleiht dem Himmelskörper menschliche Konturen:

Daß von dem verzichtenden Gesichte
keiner ihrer großen Schmerze fiele,
trägt sie langsam durch die Trauerspiele
ihrer Züge schönen welken Strauß,
wild gebunden und schon beinah lose;
manchmal fällt, wie eine Tuberose,
ein verlornes Lächeln müd heraus.

Und sie geht gelassen drüber hin,
müde, mit den schönen blinden Händen,
welche wissen, daß sie es nicht fänden, –

und sie sagt Erdichtetes, darin
Schicksal schwankt, gewolltes, irgendeines,
und sie giebt ihm ihrer Seele Sinn,
daß es ausbricht wie ein Ungemeines:
wie das Schreien eines Steines –

Und sie läßt, mit hochgehobnem Kinn,
alle diese Worte wieder fallen,
ohne bleibend; denn nicht eins von allen
ist der wehen Wirklichkeit gemäß,
ihrem einzigen Eigentum,

das sie, wie ein fußloses Gefäß,
halten muß, hoch über ihren Ruhm
und den Gang der Abende hinaus.

Sidonie Nádherný von Borutin, ca. 1910

DIE BÖHMISCHE BARONESSE – SIDONIE NÁDHERNÝ VON BORUTIN

Liebende und Leidende verwehten
wie ein Blätterfall im welken Park.

R. M. RILKE

Rainer Maria Rilkes schöne und ihm durch den Klang ihrer Sprache heimatlich verbundene Freundin aus der Tschechoslowakei blieb eher eine Randfigur auf der literarischen Bühne, doch die Dichtergrößen, die sie bespielten, waren ihr in Liebe und Verehrung zugetan. Sidonie Nádherný von Borutin (1885-1950) trat weder als Memoirenverfasserin noch als Dichterin, Malerin oder Musikerin in Erscheinung – wiewohl vielfältig begabt; sie erlangte Ruhm als Gastgeberin und als Gestalterin eines Schloßparks auf dem Boden eines einst »wüsten Walddickichts«. Dort warteten Hunderte von Rhododendronbüschen auf ein Rilke-Gedicht: »... unter diesem Rosa hat ein Grün / gehorcht, das jetzt verwelkt und alles weiß.«

Drei Mal nur war Rilke auf Schloß Janowitz zu Gast, 65 Kilometer südöstlich von Prag und 80 nördlich von Wien gelegen, ein barockisierter Renaissancebau, neogotisch ausgestaltet von der Familie Nádherný und seit 1879 in deren Besitz. Ein Wasserschloß in altböhmischer Kulturlandschaft, gleichsam ein Knotenpunkt der österreichisch-ungarischen k. u. k. Monarchie. Der Einsatz der Familie für die ökonomische und industrielle Entwicklung der Region bescherte dem Freiherrn Carl Nádherný Ritter von Borutin (Sidonies Vater) die Erhebung in den erblichen Adelsstand. Mit seinem frühen Tod 1895 begann die Emanzipation der einzigen Tochter – im Klammergriff ihrer beiden Brüder und in Auflehnung gegen die Mutter.

»Meine Kindheit und frühe Jugend war nicht fröhlich. Ich war voller Sehnsucht, Leiden in einem Ausmaß, das niemand begriffen hat.« In dieser Gemütsverfassung begegnete die Einundzwanzigjährige in Paris dem Dichter, dessen Denk- und Gefühlsbahnen den ihrigen entsprachen. Im April 1906 hatte Rilke die Damen Nádherný in Rodins Atelier durch ein Pandämonium weißgipserner Leiber in gewagten Posen geführt, darunter die marmorne Paare-Skulptur *Ewiges Idol*: für die Spröde, die Eheunwillige eine Vorwegnahme ihres künftigen Liebesschicksals. Sidonie widersetzte sich dem aristokratischen Code einer frühen Vermählung; sie bestand auf ihrer Freiheit, ihren Reisen, ihren glühenden Zigaretten schon mit sechzehn, ihrem ambivalenten, koketten Verhalten dem anderen Geschlecht gegenüber und hatte sich bei ihrem Vormund (nach dem Tod des Vaters) ihre Mündigkeit zwei Jahre vor dem gesetzlichen Alter von 24 erstritten.

Rilkes tastendes Interesse an ihrer Person stieß auf ein durch Erziehung gedämpftes Entgegenkommen. Ihre Rosen nach seiner Dichterlesung in Wien im November 1907 schienen von anonymer Hand zu stammen, ein wappengezierter Brief folgte, eine Einladung aufs Schloß. Am Tag Allerseelen saß Rilke im Zug und sann über die irritierende Unbekannte nach …

»Und das war Böhmen, das ich kannte, hügelig wie leichte Musik«, ein alter Park im feuchten Herbst, ein Parktor – das »Erschaute« fügte sich wie zu einem Poem. Diener mit schweren Silberarmleuchtern »leuchteten in die tiefen Gemächer wie in Höfe hinein«. Rilke-Welt, wie im *Cornet* und im *Malte*-Manuskript, aus dem er vorlesen würde.

Die zwei Teestunden, wie Rilke an seine Frau Clara schrieb, seien ihm vorgekommen »wie ein Kindergeburtstag, wo jeder des anderen froh«.

Im Gedächtnis blieb dem Besucher das Bild der drei Geschwister auf der Schloßbrücke – Sidonie im feuerroten Cape –, das Rilke vor die Frage stellte, in welches weibliche Magnetfeld er sich begeben wollte. Spürte er doch den leisen erotischen Zauber der »schönen Baronesse«, die »wie eine Miniatur aussieht, welche ein Jahr vor der großen Revolution gemacht worden ist«. Über sich selbst schrieb sie: »Mit achtzehn schien mir die Wissenschaft die heiligste Sache zu sein, Wissen das höchste Gut, Kunst die süsseste sublimierteste Essenz von allem … die wahre innere Kultur. Und das Gesellschaftsleben war für mich leer und triste.«

Rilke paßte seinen Briefstil der jungen Adeligen an, die auf Photographien in kerzengerader Haltung posiert. »… in der dankbarsten Ergebenheit bitte ich bleiben zu dürfen … der gnädigen Frau Mama ergebenste Empfehlungen.« Auf die Floskeln eines Devoten folgten dann jedoch erfrischend spontane Bitten: »Sagen Sie einfach etwas von sich, von Ihrem Fenster, von Sankt Georg, von Ihren Brüdern, von der Schloßbrücke, von den Blumen im Park, von Tulipan. Was Sie wollen, alles wird mir lieb sein.« Dann wieder verstieg er sich dazu, »den Himmel Ihrer Seele zu fühlen«, während er die Herrin über seine Gefühle »im hellen Kleid unter hohen Bäumen« herbeibeschwört.

In ihrem Tagebuch im Sommer 1909 malt Sidonie ein impressionistisches Bild ihrer selbst, an Rilke schreibend: »Und während ich schrieb, wurde es dunkel und still und nichts war da als der Wasserfall und Nebel, einem Hauche gleich, über Wiesen, in denen Heuschrecken sangen ... Er antwortete gleich, er möchte zu mir schreiben, als sei ich die Natur selber.«

Rilkes zweiter Aufenthalt in Janowitz vom 25. August bis zum 12. September 1910 wirkt wie eine romanhafte Idylle. »R. M. R. und ich bereiteten uns in der Bibliothek viele Feste, ich spielte Chopin, ich übersetzte ihm englische Gedichte Longfellows – er las Hofmannsthals ›Tod und Tor‹.«

Poesievolle Tagebuchnotate schwelgen im Märchenton früher Rilke-Gedichte. Durch Wald und Wiesen streifend, holt sich die Schreiberin »die fackelnden Sterne vom Nachthimmel«. Der Mond, der dunkle Teich, das Unheimliche und das Geheimnisvolle, das »schwebende Verhältnis« zwischen den zwei Spaziergängern: aus der erotischen Spannung befreit sich Rilke mit verletzender Förmlichkeit. Sidonies Frage, ob sie diesen Mann überhaupt liebe, bleibt offen.

Das Doppelspiel von Liebe und Trug beherrschte Sidonie Nádherný geschickter als ihr Gegenpart. »Ein jeder darf doch mit sich tun, was er will. Ein jeder hat sein Schicksal in der Hand, warum also soll ich mich nicht wegwerfen? Man muss nur wissen, was man tut, dann verliert man sich nicht.«

Es zog sie ins Atelier des wilden, schönen Künstlers aus Prag, Max Švabinský. Er hatte der Baronesse schon 1907 eine Federzeichnung gewidmet: darauf sie eine Zarte, Pelzverhüllte, mit feinem Gesicht wie eine Miniatur. Die Freiherrenbrüder gaben 1909 das Gemäldeporträt mit üppigem Goldrahmen in Auftrag, dazu farbige Lithographien, das Ganze zog sich über einen längeren Zeitraum hin. Auf einer Photographie aus jenen stürmischen Tagen zeigt Sidie in ihrer gouvernantenhaften Aufmachung das Lächeln der Sphinx. Das Bildnis offenbart die Dunkelseite ihres Wesens, den Kassandrablick, der über die Rosen am tiefen Dekolleté und in der Hand hinweggleitet …

Rilke befand, daß »für den Schaffenden immer noch gilt, was für Dante galt: ›der Körper ist für ihn die Seele‹«. Das Drama um Körper und Seele, das sich in Švabinskýs Atelier abspielte, transponierte sein Modell literarisch in die dritte Person: »Ihrem heissen Blute nicht widerstreben könnend, verloren sie sich einer im anderen, er glühend mit einer durch Jahre getragenen bis jetzt niedergepressten Liebe … U. so konnte es geschehen, dass er die Zitternde Heisse nackt in seinen Armen hielt, u. doch ihr glaubte u. auf sie verzichtete, ihre Seele mehr als ihren Körper liebend.«

Sidonie in ihrer unverbrauchten Energie brach im Sommer 1911 auf nach Rom, ohne Rilke zu verständigen, wiewohl er ihr in der Zeit ihrer tiefsten Liebesverstrickung, von der er nichts ahnte, ein Halt war. Schon im Jahr 1909 hatte er auf eine Begegnung mit der Freundin in Rom gehofft und ihr spielerisch vorgegaukelt, sie werde dabei die romantische Rolle einer großen Liebenden übernehmen, Bettina von Arnim. Und für wen solle sie ›Bettine‹ sein? »Ich bin in Rom, das ich ganz für das Ihre halte …« Damals hatte ein Reitunfall Sidonies das Wiedersehen verhindert, so daß Rilke nur seine weißen Nelken in ihrer Pension abgab und ein Billett, in dem er auf die Dauerhaftigkeit der Blumen hinwies: »… eilen sie also nicht. Nelken halten lang.«

Von Sidonies römischem Abenteuer 1911 künden die Initialen ›J. R.‹ in ihrem Tagebuch; ein junger Graf, ein 18jähriger Leutnant eines Ulanenregiments, ein Ungar, entlockte ihr »Worte höchster Entzückung über seine Liebeskunst«. (A. Wagnerová) Drei Jahre später und herangereift durch das Intermezzo, notiert sie: »Das schönste erfrischendste Lieben ist das aus Temperament, wo das Herz nicht mitspricht.« Hingegen ist Rilkes »Urgebirg der Lust« ohne die Mitsprache des Herzens nicht zu denken.

In seinen Briefen an die »liebste, liebste Freundin« bleibt der Liebesdiskurs ausgeklammert. In der Maske des Cicerone will Rilke die dennoch Umworbene an seine Plätze locken, hält ihr Parisbilder vor Augen von den »ungeheuren Blumenständen auf den Boulevards in grauem, vibrierendem Licht«.

Sie »mitten in der Liebe« wissend im Garten von Janowitz, will er sie mit »weinroten Knospen schwerer Pfingstrosen« erfreuen …

Rilkes Gedicht-Rosen sind vielblättrig, sie geben Rätsel auf. »Rose, oh reiner Widerspruch, Lust / Niemandes Schlaf zu sein unter soviel / Lidern.« Jedem Blütenblatt kommt eigene Bedeutung zu, manches ist befrachtet mit der Todessymbolik: »Wo ist zu diesem Innen / ein Außen? Auf welches Weh / legt man solches Linnen? …«

Der frühe Tod ihres geliebten Bruders Johannes stürzte Sidonie in einen Abgrund von Schmerz. (Der achtundzwanzigjährige Student der Philosophie hatte sich in der Prager Halbwelt mit einer Krankheit infiziert und beging Suizid). Die Nachricht erreichte sie am 28. Mai 1913 in Paris, wo Sidie Rilke wiedersah, der ihr am 31. Mai schrieb:

»Niemand weiß, was Unfaßliches Ihnen widerfahren ist … selbst bei Ihnen zu sein, Ihre Hände zu halten wäre aussichtslos … Fürchten Sie sich nicht vor der Stumpfheit einiger Tage, Wochen, – was ist zu fürchten nach diesem?, tragen Sie's, liebe Freundin, es wird Sie bilden und biegen und erneuern: des Leidens ganzer verschwenderischer Reichtum liegt vor Ihnen.«

Die innige geschwisterliche Bindung wies erotische Züge auf, streifte die Grenze zum Inzest. »Mein Liebling«, »Mein Alles« lauten Briefanreden; der zwei Jahre ältere Bruder wurde der Präzeptor seiner nur von einer Hauslehrerin unterrichteten Schwester, öffnete ihr den Zugang zur klassischen und zeitgenössischen Literatur, ja, er bezog sie in sein Universitätsstudium mit ein, so daß die Familie fürchtete, Sidie würde dereinst als »ewig unbefriedigter Schöngeist« umherirren. Unter seiner Ädide erweiterte sich ihr Horizont. Sie las Bücher von Ricarda Huch, Lou Andreas-Salomé und den Anti-Kriegsroman *Die Waffen nieder* (1889) von Bertha Freifrau von Suttner. Sidonie wurde zur Pazifistin, lebenslang.

Johannes, dem sie ihre Liebesabenteuer *en détail* beichtete, gab der ewig nach dem Schönen Suchenden Rückhalt. »Wir jagten der Kunst nach in den verschiedensten Ländern Europas ... brachten nachhause ganze Stöße großer Photographien von Bildern, Bauten, Bildwerken usw. und nachts wurde alles ausgebreitet, erklärt, besprochen.«

Rilke schrieb der Verzweifelnden: »Sie müssen sein Leben in dem Ihren fortsetzen, soweit es unvollendet war, sein Leben ist jetzt auf das Ihre übergegangen ...« Johannes blieb der Schattenbruder an ihrer Seite, als sie am 8. September 1913 im Wiener Café Imperial dem jüdischen Schriftsteller und Satiriker Karl Kraus (1874-1936) begegnete, dem Herausgeber der *Fackel*, eines Periodikums, in dem er die Endzeitstimmung der österreichisch-ungarischen Monarchie »ausleuchtete«.

Ein Funke sprang über, wurde zur Flamme. Nachtfahrt im Fiaker, »gleitende Sterne, nach 10 Min. gekannt. Helfen unmöglich – das Nichtheranlassen führt in Abgründe«. Sidonie glaubte, Johannes habe ihr diesen Mann gesandt, der ihr sagte: »Der tote Bruder schickt mich in Dein Leben«.

Sidonie im Tagebuch: »K. K. steckt in meinem Blut, er macht mich leiden. Er ging meinem Wesen nach, er begriff, wie keiner noch. Ich kann nichts tun, wenn ich ihn nicht vergesse.« (14. 9. 1913) Und zehn Tage später: »K. K. hat mir ein neues Reich eröffnet, neue Möglichkeiten. Wie wunderbar hatte er das getan.«

Sie bot ihm, der immer wieder zurückstrebte in »die Hölle Wien«, das weiträumige Refugium in Janowitz, Ruhe zum Arbeiten auf der Steinbank im Park, wo die Szenenfolge des Opus magnum entstand, *Die letzten Tage der Menschheit.*

»Hab ich dein Ohr nur, so find ich schon mein Wort: wie sollte mir's dann an Gedanken fehlen?«

Karl Kraus verbreite eine »geistige Reinheit«, die ihr wohltue, erfuhr Rilke von Sidonie. Taktisch verschwieg sie, die »Braut vor Gott«, die verheerende Liebespassion. »Ich gehe am Nein und am Ja zugrunde ... Ein solcher Einbruch in den Himmel wie heute Nacht muß einen Höllensturz zur Folge haben.«

Der Sturz in die Hölle vollzog sich für Karl Kraus mit Sidonies geplanter Vermählung mit dem verwitweten Carlo Guicciardini, einem Offizier, die der österreichisch-italienische Krieg 1915 verhinderte. Unverblaßt blieb der Umworbenen die Erinnerung an den stürmisch – mehr als Karl Kraus – geliebten Max Švabinský; zudem belastete Rilkes Warnruf vom 21. Februar 1914 die Umworbene: »... denn sehen Sie, liebe Sidie, (bedenken Sie *sein* Leben, bedenken Sie das *Ihre*): er *kann* Ihnen nicht anders als *fremd* sein, ein fremder Mensch … Sie stehen da nicht der lieben, rein bewegten Geistigkeit eines fühlenden und sich mitteilenden Menschen –, Sie stehen einer Waffe, einem Bewaffneten gegenüber … wenn sich Freundschaft daraus ergibt, so kann es nur eine Freundschaft *ganz in Waffen sein*, zu dem Zwecke, daß die Ihrigen daran sich übten.« Spielte Rilke damit auf Kraus' jüdische Herkunft an? Oder auf seine Rolle in Wiener Sittlichkeitsprozessen, seine sehr freien Anschauungen zum Straftatbestand der Kuppelei und Prostitution?

Über Jahre setzte sich die Krise fort. Sidies Fluchtversuche aus dem Magnetfeld des »einzigen Mannes, Ruhm und Krone meines Lebens« mündeten 1920 in die Ehe mit dem Grafen Max Thun und Hohenstein, einem Sportmediziner und Wundertäter in Dingen Natur – für ein halbes Jahr. Sidie hatte von den beiden Kontrahenten, Kraus wie Rilke, ein Hochzeitscarmen verlangt.

Chopin-Klänge im Ohr, widmete Rilke der späten Braut (sie war fünfunddreißig) sein einziges Gedicht für sie, *Strophen zu einer Fest-Musik*: »Wohin reicht, wohin die Stimme der Menschen / wenn sie emporklingt? Schwingen, / schwingen die Himmel von ihr? …«

Hingegen fiel für Karl Kraus ein Stern vom Himmel. »Was ich je emporgesprochen, / mündet es in mich zurück? / Heute ist ein Stern zerbrochen / und es bleibt ein Erdenstück …«

Bei allem Freiheitsdrang, wie es ihre vielen Reisen bis hin nach Griechenland und Ägypten bezeugen, verlor Sidie nicht die Angst vor dem Verlust der Liebe, dem einzigen Sinn ihres Lebens, wohingegen sie für Karl Kraus nur *ein* Bestandteil seiner Existenz war. Die Nachtcafés der Intellektuellen und »die andere Frau«, die bildhübsche Helene Kann, sein »Hausgeist«, harrten seiner in Wien. Erst nach seinem Tod und bei Durchsicht seiner Briefe, Karten und Telegramme an sie (fast 700, von ihrer Hand nur eine einzige Karte von 1936) überkam sie die Reue einer späten Erkenntnis. Was war sie für ihn gewesen? »Du einzige Frau, die man noch in einem Gespräch über Literatur umarmen möchte, Du seltene Geliebte, zu der man sprechen kann, als hätte man sie umarmt.«

Rainer Maria Rilke wandelte sich vom brüderlichen Freund – »Führer u. Leiter, als ich die Kindheit abgestreift hatte« – zum Bittgänger. Seit er 1912 der Baronesse Töchterchen Ruth vorgestellt hatte, in München, wo Clara ihre Büste modellierte, wünschte er, Sidonie möge sein Kind in Obhut nehmen und in der kultivierten Atmosphäre von Schloß Janowitz erziehen. Sidonie lehnte ab, sandte eine Puppe für Ruth und ließ Rilke die erwünschten »kleinen Hilfeleistungen« zukommen. »Wollen Sie das noch immer, eine Universität? Ich denke, Ihre Universität sollte Ihre eigene Seele sein … daraus würden Gedichte.« Schatten des Paradieses fallen auf ein Gedicht:

Im Park, ich habe oft daran gedacht
Denksteine aufzurichten, stille, graue –
obwohl Vergessen nicht so traurig macht
wie dieser Übergang ins Ungenaue …

In Janowitz erlebte Sidie den Nachsommer ihrer Leidenschaften, deren letzte die Natur. In ihr sei »ein buntes Gedränge«, schrieb sie Ende 1923 an Rilke. »Was wissen wir, welchen Einfluss alles Erlebte, genossene, gelittene auf die Nachwelt hat, vielleicht auf jede jetzt blühende Blume, jedes jetzt grünendes Blatt? Nie vergisst es uns die Natur, dass wir Stimmen haben u. sprechen u. hält uns fern von sich …«

Schmallippig und autoritär vollendete die Schloßherrin ihr Werk. Gartenanlagen und Park suchten in ganz Böhmen ihresgleichen. Der Dienst am Schönen als Lebenszweck geriet in den dreißiger Jahren zum Kampf um den Besitz unter der tschechischen Bodenreform. Mit dem Einrücken des deutschen Militärs im März 1939 begann die Barbarei. Rilkes Park- und Waldwege, die »Glockenblumenwiese« von Karl Kraus dienten nun als Truppenübungsplatz einer Reiterstaffel der SS.

Briefe und Tagebuchnotizen spiegeln das Chaos der vierziger Jahre. Am 10. September 1949 begab sich die Baronin auf die Flucht, im zerbeulten Hut, begleitet von einem Schmuggler. »Nie noch gab es eine so berauschende Mondnacht als jene vor 8 Tagen, in der ich, schnurstracks über Äcker und Kartoffelfelder eilend, mit dem ›Halt‹-Ruf eines

Grenzpolizisten hinter mir, das erste deutsche Dorf erreichte … märchengleicher Wald unter Sternen.«

Im Handkoffer gerettet Rilkes Briefe, für 450 britische Pfund rechtzeitig verkauft in London, wo Sidonie Nádherný 1950 ihrem Lungenkrebs erlag.

Marthe Bibesco, Porträt von Giovanni Boldini, 1911

DIE NYMPHE EUROPA –
MARTHE BIBESCO, PRINCESSE

Die Wollust, die ich empfinde,
wenn ich in die Gedanken der anderen
eindringe, ist fast kriminell.

MARTHE BIBESCO

»Am Ende eines Wintertages, zur Stunde der Kaminfeuer und Lampen, wenn über dem Meer die Leuchttürme angezündet werden, empfing ich in Paris, Faubourg Saint-Honoré, wo ich damals wohnte, den Besuch des Dichters Rainer Maria Rilke.«

Bei der Grande Dame der kosmopolitischen Gesellschaft, einer Beauté mit orientalischen Wurzeln, Schriftstellerin, ihr Leben »einzig Traum und Mythologie«, spürte Rilke einen Abglanz von Byzanz. Der rotgoldene Vogel Phönix, das Wappentier ihres Familienwappens aus der Walachai, sicherte ihr den Ruf einer Exotin in den Pariser Salons. »Sag mir, wer *dich* verzaubert, und ich sage dir, wer du bist.« Die Erinnerung von Marthe Bibesco (1886-1973) an Rilkes Besuch im Januar 1925 liest sich wie ein einziger Moment der Entzauberung.

Im Spiegel das Bild des eingekerkerten Gartens, das Schweigen, das Warten, daß der andere spreche, Rilke im Gegenlicht, sein Gesicht im Schatten kaum zu entziffern, »ein unnatürlich in die Länge gezogenes Gesicht, wie in einem Zerrspiegel gesehen: Gesicht eines Engels auf der Rückseite eines Löffels betrachtet. … Séraphico!«

Lange bevor er die faszinierende Person und ihre Erzählkunst (die sie mit ihrer Cousine Anna de Noailles gemein hatte) kennenlernte, hatte der junge Rilke Tiefen ihrer legendären Vergangenheit ausgelotet und in seine Poesie überführt. Im *Stundenbuch* (1903) tauchen imaginäre Vorväter auf, Herren von Hirtenvölkern mit Schafs- und Rinderherden, kriegerische und zu Reichtum gelangte Stammesfürsten, »die nächtens auf verwelktem Teppich ruhten, / aber Rubinen ihren Lieblingsstuten / einsetzen ließen in die Silberkämme …«

Die realen Nachfahren von Rilkes Fürstlichkeiten stellten im neunzehnten Jahrhundert Landbesitzer, Generäle, Staatsbeamte, waren versippt mit der östlichen und westlichen Aristokratie. Marthe, eine Lahovary, entstammte einer der großen Familien des Balkans. Ihre eigene Genealogie erweiterte sie, umrankte sie mit Mystik und Phantastik. Sie wähnte sich in einem Palast geboren oberhalb des Bosporus, in Konstantinopel, wo sie »seit tausend Jahren die Schreie ihrer Märtyrer-Vorfahren« gehört haben wollte …

Die Tochter des rumänischen Außenministers Jean Lahovary war eine beunruhigende Schönheit in tizianroten Haarfluten, von früh an in die Politik eingeführt und in das »Feenreich der Civilisation Française«, erzogen in Bukarest gleichsam »auf den Thronstufen«, wie sie schreibt, geprägt durch die Lehren Pascals und der Moralistik. In ihren reiferen Jahren gelangte sie zur Einsicht in ihr egomanisches Selbst: »Das größte aller Unglücke besteht darin, zu glauben, man sei für das Glück geschaffen.«

Im Jahr 1902 wurde die sechzehnjährige Braut bei ihrer Vermählung mit dem rasanten Vetter Georges-Valentin Bibesco (1880-1941) vom Volk bestaunt wie eine Ikone in Goldbrokat. Ein Sprößling der Feudalklasse auch er, reich und verwöhnt, ein Mann des anbrechenden Zeitalters der Technik, Pionier der Luftfahrt und begabt mit dem *esprit mécanique*. Er sollte den Startschuß geben für Marthe Bibescos literarische Karriere.

Die Reise nach Persien im Automobil in Gesellschaft von Freunden und Verwandten wurde trotz aller Beschwernisse zum Glücksfall für die Neunzehnjährige, die begierig auf Welt war, die Welt Kleinasiens. Ein Abtauchen ins tiefste Mittelalter jenseits der Zivilisation war es, vom offenen Mercedes aus mit Augen hinter einem transparenten Hutschleier betrachtet, davor die Schlammlawinen, die Heerscharen von Fliegen. Dennoch: Persien verweigerte sich den Unreinen, die alles profanierten.

»Singe die Gärten«, heißt es bei Rilke, »wie in Glas / eingegossene Gärten, klar, unerreichbar / Wasser und Rosen von Ispahan oder Schiras …«

Seinem »Persischen Heliotrop« stellte Marthe Bibesco ihre eigenen Verse an die Seite: »Rosa Villen im Morgenrot … Ewiges Frühlingsgrün Persiens … Deine Gärten sind blühende Gräber.«

Im winterkalten Karpatenschloß Posada verfaßte Marthe ihre Impressionen unter dem nostalgischen Titel *Les huit Paradis*, Die acht Paradiese (1909). Den Lesern ihres Erstlings öffnete sie die Pforte zum Harem des Prinzen Abou'l Fath Mirza und seinen drei Gemahlinnen, die jede Verbeugung mitvollzogen. Der Nachwuchs: »unwahrscheinliche bébés« in Miniaturfräcken; im Arm eines Eunuchen ein katzengroßes Geschöpf in starrer grüner Seide.

Grün war auch die Farbe ihrer Augen und der Bibesco-Smaragde, »Ozeantropfen«, die sie auf einem Ballfest trug, wo sie die Huldigungen der Pariser Literaten empfing. Marcel Proust lobte die »kindliche Frische« ihres Textes: die Autorin sei als »écrivain« alles in einem, Maler, Bildhauer, Dekorateur, Musiker, »parfumeur et poète«. Ein Briefwechsel entsprang dem und ein Buch, *Au bal avec Marcel Proust* (1928).

Ihr erwachter Ehrgeiz machte die Drei-Tage-Reise im Orient-Express von Bukarest nach Paris erträglich. Im Faubourg Saint-Germain fand Marthe den »esprit de caste« aus dem Proust-Roman, »eine Zitadelle voller Türme und Bastionen, jenen vorbehalten, welche die Revolutionen von 1789 und spätere heil überstanden hatten über Generationen – vom gewöhnlichen Bürger so weit entfernt wie der Mond von der Erde«.

In den Bibliotheken der Metropole fand sie Arbeitsmaterial für ihre Studie über Alexander den Großen, *Alexandre asiatique* (1912), eine Folge von Vignetten aus dem Leben des frühverstorbenen makedonischen Heerführers. Rainer Maria Rilke las sie in Venedig, wo er in »leeren Marmorbogengängen« flanierte und seine eigene »Lehre der Vergänglichkeiten« in sie hineinprojizierte; die Vergänglichkeit der Welt und der Weltenbeherrscher. Was wußte er? Hinter Marthe Bibescos wie auf einer goldenen Münze feinziseliertem Alexander-Profil erhebt sich »ein Mann, der kein Mensch ist«, das Phantom eines Machtträgers, das Objekt ihres privaten Heldenkults, ein Hohenzoller in weißer Gardeuniform.

Kronprinz Wilhelm war 1909 in offizieller Mission nach Bukarest gekommen, inoffiziell, um die Ölfelder von Ploesti zu erkunden (die Georges Bibesco 1915 vor dem Einmarsch deutscher Truppen in ein brennendes Meer verwandeln sollte). Im Vorfeld politischen Bebens, inmitten von Kriegsgerüchten, bat der Prinz seine bezaubernde Tänzerin beim Hofball um Briefe mit Berichten über die pro- oder antideutsche Stimmung in Rumänien wie in Paris.

In Marthes Aufzeichnungen wird die Affäre mit dem Thronerben in schillernder Doppelbödigkeit geschildert als eine Romanze voller Passion, doch gern erlitten. Marthe Bibesco sah sich in der Rolle einer Madame de Pompadour am preußischen Hof. Deutlicher noch im englisch geführten Tagebuch: »By reigning over the Crown Prince, I am reigning over Europe.« Der Prinz schwor »ewige Treue«, und rein – »hélas«.

Über dem Besuch im kaiserlichen Berlin, der Idylle von Weimar, schwebt das Wort »Apotheose«. Marthes Wunsch, als Friedensfürstin in die Geschichte einzugehen, erwies sich als eine romantische Utopie.

Rilkes Wort »Laß dir Alles geschehn: Schönheit und Schrecken« wies der Chronistin den Abstieg in die »›dunkle Krypta‹ des Krieges«. Im Sommer 1914 erlebte sie – nach dem Glanz – das Ausbluten der Monarchien. Im Hafen des rumänischen Constantza ein letzter Auftritt der Zarenfamilie in Yachten, die sich am Horizont »wie schwarzlackierte chinesische Spielzeugdschunken ausnehmen, von goldenen Adlern gekrönt, in feierlicher Langsamkeit eines Trauermarsches. Die Majestäten in ihrer gespensterhaften Unbeteiligtheit schienen nichts zu sehen«.

Marthe Bibesco geriet zwischen die Fronten, als Zeitzeugin, ja, als Mitwirkende. Von seinem Hauptquartier bei Verdun schickte Kronprinz Wilhelm flehende Botschaften, sie möge alles versuchen, sich und ihr Land aus dem Konflikt herauszuhalten; es trug ihr den ominösen Ruf einer Mata Hari ein, in Bukarest wie in Paris verdächtigte man sie der Doppelspionage. Den Eintritt Rumäniens in den Krieg im Jahr 1915 beging sie in eleganter Gesellschaft im Hotel Ritz. Der deutsche Kronprinz wurde gewarnt, er konnte die Verhaftung seiner *Princesse* nicht verhindern und 1917 nicht ihre Vertreibung aus Bukarest, wo sie als Ordensschwester von Saint Vincent-de-Paul ein eigenes Lazarett betrieb und, wie sie bekannte, im »Hôpital 118« inmitten einer Hölle Momente der Erfüllung erfuhr.

Im böhmischen Exil von Lautschin, bei der Fürstin von

Thurn und Taxis, gesellte sich – abwesend-anwesend – Rainer Maria Rilke hinzu. Marthe Bibescos Sprachbilder und ihr lyrisches Parlando glichen sich dem Rilke-Ton an, Rilke, den sie mit ihren Erzählungen aus dem rustikalen und bukolischen Rumänien beglückte.

Isvor. Le pays des saules, Land der Salweiden, wurde sein »Kopfkissenbuch«, weil er darin die wohligen Schauder eines Kindes nachempfinden konnte, dem alte Muhmen von Gespenstern im Geäst und Vampiren erzählten; flötespielende Hirtenbuben waren ihm von seinen russischen Bilderstudien her vertraut.

Die dichtende Palastdame – »Analphabetinnen waren meine Bibel«, schlichte Bäuerinnen, fromme Seelen, die ihr von Heiligenlegenden sprachen – sparte das Elend aus, Hunger und Not; das Volk sei »kraftlos« geworden durch Jahrhunderte der Unterdrückung. »Sie gehn umher, entwürdigt durch die Müh, / sinnlosen Dingen ohne Mut zu dienen …« (R. M. Rilke). Bei der Buchvorstellung in Paris 1923 war der Autorin so, als »lenke sie ein Ochsengespann über die Boulevards«.

Sie setzte ihre Erfolge fort mit autobiographischen Romanen, *Catherine – Paris* (1927), der inzestuösen Geschichte *Le Perroquet Vert*, mit historischen Texten über Nationalhelden (*Maximilian von Mexico*) und, warum nicht – seichter Unterhaltung, Filmstoffen, unter Pseudonym.

Giovanni Boldini hat sie porträtiert, als sähe er eine halb sich entblätternde Orchidee, ein Schlüsselbild der gesellschaftlichen Welt »am Rande der Moral«, so Marthe Bibescos Biograph Ghislain de Diesbach, durchtränkt von der »Melancholie der Entwurzelten«. Georges Bibesco lehnte das furiose Gemälde mit dem Titel *Aéroplane*, Luftschiff, als indezent ab und versicherte seiner Frau, er habe durch alle seine Maitressen hindurch immer nur *sie* geliebt.

Liebesenttäuschungen und Blessuren entfachten den Wunsch nach Ruhm; wie die Pflanze, die sich »aus Instinkt« der Sonne zuwende, wolle sie neben den großen Männern stehen, als Vertraute, als Ratgeberin, als Geliebte. Ein Traumziel seit der Kronprinzenaffäre. An der Seite bedeutender Männer selber an Bedeutung gewinnen. In ihrem amourösen Kosmos figurierten König Ferdinand von Rumänien, Ex-König Alphons XIII. von Spanien, der britische Premierminister Ramsay MacDonald, hochrangige Militärs, Blaublütige … Am Ende stand General de Gaulle, dem Marthe Bibesco einen Band ihrer Ahnen-Saga widmete, *La Nymphe Europe*, 1960, das unvollendete Magnum opus.

Die letzten drei Jahrzehnte ihres Lebens verbrachte sie nach ihrer Vertreibung aus Rumänien 1945 in Paris, am Quai de Bourbon. Verarmt, wahrte sie Allüre. Als Dogaressa gekleidet, wie üblich, lud sie Gäste ein zur *fête vénitienne*, Abend für Abend, wenn die Bootslichter sich in der Seine spiegelten.

Freunde, Verwandte, Verleger unterstützten sie, das treue Dienstmädchen griff in die eigene Schatulle. Marthe Bibesco veräußerte Blatt um Blatt ihrer Korrespondenzen und

Manuskripte. Der »Grand prix de littérature de l'Académie française« für ihr Gesamtwerk wurde ihr 1954 verliehen, im Folgejahr wurde sie Mitglied der Académie Royale de Belgique.

»Mein Leben lang habe ich gefürchtet, ich würde nicht um meiner selbst willen geliebt ... vergängliche Frische meines Gesichts, Vermögen, Jugend, Dekor der von mir bewohnten Häuser. Und jetzt, alt, arm und häßlich, habe ich nichts mehr zu fürchten: endlich werde ich um meiner selbst willen geliebt.« (Journal, 23. September 1973)

Ein spätes Lichtbild (von Cecil Beaton) zeigt die Grande Dame vor einer Rokokotapisserie, das Altersgesicht schwarz umhüllt, perlenumwunden die Handgelenke und Nelken in Kristallflakons vor ihr.

Sie wünschte sich, in jedem Leser ihrer Bücher einmal wieder aufzuerstehen wie ein Vogel Phönix.

Catherine Pozzi, 1917

DIE METAPHYSIKERIN – CATHERINE POZZI

Habe Rilke gelesen:
ein herrliches *Werk, ein Kraftakt!*

CATHERINE POZZI

Seltsam kam Rainer Maria Rilke diese briefliche Anrede vor: »Mensch ohne Gesicht, Geist!« Ungewöhnlich der kühne Federzug von Hand einer Klugen, der Geliebten des Dichters Paul Valéry. Sie war seine ›Schwarze Flamme‹, die sein Leben versengte, so wie er das Ihre.

Rilke erlebte das zwiespältige Paar, »die zwei Wesen, die ich gern täglich sehen würde«, Mitte der 1920er Jahre. Zeit der Krise, der Liebeszerwürfnisse; Zeit auch der gegenseitigen Bewunderung der beiden Dichter und Denker deutscher und französischer Zunge, wo die »mediterrane Klarheit« des einen auf das »Vage und Grenzenlose« des anderen traf.

Die Kluge, »ganz Seele und Seide«, mischte sich 1924/25 in den Dialog ein, Rilkes Übersetzung der Lyrik von Paul Valéry nannte sie »poèmes magnifiques«, wie gut bringe doch Rilke »das Manual der Worte zum Klingen«. Sie verstand Deutsch, war von Kindheit an »von deutschen Versen und Rhythmen umflossen«.

Catherine Pozzi (1882-1934) durchmaß die Pariser Salongesellschaft mit »algebraischer Kälte« oder mied sie, wenn ihr »Lionardo mio« – Valéry hatte sich mit Leonardo da Vinci befaßt – dort Hof hielt, zwischen »Hühnern und Gänsen« (so der eminente Rilke-Kenner Curdin Ebneter). Sie war eine dünne Person, fragil wie ein dürres Blatt, mit einem länglichen Gesicht unter der dunklen Pagenfrisur und auffallend langer Nase. Sie gab sich betont mondän, »im geschlitzten Hemd den Shimmy tanzen ...«, war sportlich, eine Automobilistin, sie war reich und litt an Tuberkulose.

Die Tochter des berühmten Chirurgen und Gynäkologen Samuel Pozzi (der später von einem geistesgestörten Patienten ermordet wurde) wuchs auf im Milieu der Pariser *Grande Bourgeoisie*: im Umkreis von Figuren aus Marcel Prousts Epochenroman. In ihrer Emanzipation war Catherine Pozzi den weiblichen Modellen weit voraus. Im Alter der *jeunes filles en fleurs* ging sie zum Studium nach Oxford, setzte es fort an der Sorbonne bis in ihre vierziger Jahre.

Griechische Philosophie, Theologie unter Einfluß einer streng katholischen Mutter, Quantenphysik und Chemie, orphische Mysterien und indisches Denken, esoterische Erfahrungen ... ihr Wissenshunger war enzyklopädisch, er läßt sich im Tagebuch nachlesen. Ihr »Journal« ließe sich ›beschriftete Seelenhaut‹ nennen (nach dem Titel ihrer Erzählung *Peau d'âme,* posthum 1935). »Ich habe immer nur einen einzigen Grund zum Schreiben gehabt: mich selbst zu verteidigen. Trotz der Schamlosigkeit des Risikos, gelesen zu werden, trotz der Schwierigkeit, für sich selbst eine Geschichte zu verbergen, die doch viele gerne aufdecken würden.«

Ende Juni 1920 begann der »Dialog der denkenden Liebe, des liebenden Denkens« (F. Kemp) mit Paul Valéry. »Er sitzt auf dem Sofa im Hintergrund, ganz schmal ... Der Speisesaal war grau und rosa. Einige Damen in Abendkleidern, mit nackten Schultern ... ein stiller Luxus, die Musik gedämpft ... Ich trug ein griechisches Kleid von Vionnet: schwarze Tunika, *ohne* etwas, und für hunderttausend Francs Perlen.«

Die bis 1928 währende Beziehung mußte Geheimnis bleiben für die Kreise, in denen die geschiedene Madame Pozzi sich bewegte und in die es auch ihren ›Dämon‹ zog, Paul Valéry (1871-1945) – ein *pater familias,* seit zwanzig Jahren verheiratet, vor seiner Berufung an die Académie française 1925 Angestellter der Havas-Agentur.

»Paul Valéry / Earned a meager salary / Walking through the Bois / Observing his Moi.« (W. H. Auden)

Seine morgendlichen Gedanken ließ der Geniale einfließen in die berühmten *Cahiers*, Spiegel der Selbstbetrachtung, in denen »C. P.« als »Psyche, Eurydike, Beatrice und Laura« erscheint. Das Paar hatte einen Pakt geschlossen, der radikale Aufrichtigkeit verlangte. Jeder las, was der andere zu bewältigen hatte an Liebe und Haß, Eifersucht und Entfremdung, Trennung und Annäherung, »Verweigerung bis zum beiderseitigen kalkulierten Verrat.« (C. Ebneter)

»Es gibt in mir diese schreckliche, vor langem besiegte und abgetötete Sinnlichkeit ... Die fordert er nicht heraus. Er fordert heraus, was ich an eher Immateriellem besitze (wie würde ihn dieses Wort doch zum Lachen bringen), und die reinste Spitze des Feuers. Dieser schwerfälligen und dummen Gewalt des Fleisches habe ich niemals nachgegeben. … Er hat mich nicht zum Sklaven des gemeinen Weines gemacht.« (Journal vom 25. Mai 1922)

Catherine notierte ihre »kunstvolle und gewalttätige Boshaftigkeit« wie auch die flüchtige Einsicht, die »Heiterkeit des Geistes und die Strenge des Gefühls« seien »ein und dasselbe«. So wie sie als Naturwissenschaftlerin Frösche seziert im Laboratorium an der Sorbonne, jede Nervenzuckung registriert, analysiert sie ihre Mitwelt. Davon nimmt sie Rainer Maria Rilke nicht aus. Ihren Briefwechsel mit ihm hatte Valéry angestoßen, 1924.

»Lieber Rilke, das literarische Métier bedarf einer Strenge, die freilich nur wenige von ihm fordern. In Ihren Werken weiß ich sie zu finden.« Er hatte ihr seine Übertragung der *Sonette aus dem Portugiesischen* von Elizabeth Barret-Browning zugesandt, im Wissen, daß Mme Pozzi die englische Dichterin bewunderte.

Schritt für Schritt näherten sich die beiden Briefschreiber einander an, ertasteten den Wesenskern des anderen. Aus welcher Zeit stamme wohl »le cher Rilke«, der sich in den Schweizer Bergen verschanze in seinem »château-hyper-cosmos«, wo er sich die Zeit, in der er leben wolle, selbst aussuche … Und stellte sich ihm vor als eine »Person mit den Sturm-und-Drang Illusionen, den Ambitionen eines griechischen Metaphysikers und dem Stolz eines Häretikers des XVIII. Jahrhunderts«. Das sei lächerlich, sehr wenig pariserisch, weshalb sie für seinen Freund Valéry ein Objekt des Staunens sei.

Paul Valéry wiederum hatte Catherine-Karin angeregt, für den in seiner Bergeinsamkeit verdämmernden Dichter den virtuellen Cicerone zu spielen durch das Labyrinth der Pariser Salons, jener »Bordelle des Geistes«, »bordels à psyché«, die keinesfalls, so Catherine Pozzi, das wahre Paris seien. In ihrem Journal gönnte sie ihrer Feder freien Lauf, wenn sie müde war der Diskussionen mit Rilke über Dinge wie »Zufall« und »Gesetz«, das »absichtslos Geformte« und die »geheimsten Intuitionen« beim Erschaffen von Lyrik. Zur Erholung katapultierte sie sich an die Orte der von ihr verachteten Leidenschaft, wo sich die elegante Welt traf, deren Sog sie nicht zu widerstehen vermochte.

»Donnerstag, 10. Juli 1924. Abends 5-7: Pré Catelan ... Ich rede angeregt über die Liebe, ich bin komisch, mir ist warm. Blumen, Himbeerkuchen.« In Catherine Pozzis Rilke-Korrespondenz flossen Stenogramme um das Wort »amour« nicht ein. Da er nicht als Liebender auftrat, nahm er umso mehr Anteil an den Amouren der ihm Befreundeten, so, als hätte er ihnen seine Gedichtzeilen zugedacht:

Du machst mich allein. Dich einzig kann ich vertauschen.
Eine Weile bist du's, dann wieder ist es das Rauschen,
oder es ist ein Duft ohne Rest.
Ach, in den Armen hab ich sie alle verloren,

du nur, du wirst immer wieder geboren:
weil ich niemals dich anhielt, halt ich dich fest.

Catherine zog sich von Rilke zurück, wenn er sich bei ihrem Kampf um Paul Valéry auf dessen Seite stellte. Das »tiefe Ausgeruhtsein«, das Rilke bei Valéry spürte, gründete auch in dessen verstandeskühler Betrachtungsweise der Passionen im Sinne der französischen Moralistik: »Die Liebe ist eine Erfindung, so wie der Alkohol eine Erfindung ist.«

Einblicke in »Lionardos« *Cahiers* öffnen Catherine die Augen für die verschlüsselten Botschaften an seine Laura, seine Beatrice, con amore … Sie erfährt von seinen Nebenwegen zu einer Gönnerin, der ehrgeizigen Salonière Madame Jeanne Muhlfeld, die »philosophische Bonbons« goutiert und ihn zu sich ruft »mit der Stimme toter Zaren«. Eifersucht schürt die Phantasie. Valéry führte den in Paris weilenden Rainer Maria Rilke in »sämtlichen Tiergärten« und Menagerien der Hauptstadt spazieren und warnte ihn vor der Dekadenz dieser auch Catherine Pozzi nur zu vertrauen Stätten. »Denn Sie sind nicht von der Art dieser Leute, lieber Rilke … Sie sind, wie man in der Mystik sagt, ›nicht von Ihrem Himmel‹.«

Rilke beschwor diesen Himmel bei seinem letzten Aufenthalt in Paris vom Januar 1925 bis zum August, »den großmüthigen und leichten Himmel« von Frankreichs Königen und Vagantendichtern, von Villon bis Verlaine. Der Weltinnenraum in den Pariser Salons hatte eine trübe Farbe angenommen, wo laut Catherine Pozzi »jeder seine Maske spielt«, wo ihre Platon-Zitate bei den teuren Leuten ins Leere fallen. Gegenüber einigen Tagebuchpassagen ihres Journals erscheinen Prousts Médisancen blaß.

Ein sommerliches ›dîner des têtes‹, hochkarätig besetzt mit Namen aus der Diplomatie und der Politik, dem alten Adel, läuft ab wie ein *film noir* im Stil des Surrealismus. »Viele Polignacs, mehrere La Rochefoucaulds, Prinzessinnen (darunter die von Murat, die ihren Pferden hinterherrennt und aus nicht zusammenpassenden Kleidungsstücken Teile des Busens verliert). Schließlich ergießt sich nach dem Eis und dem Champagner ganz Paris auf die Teppiche. Ein Erbrechen von Diamanten und schwarzen Kleidern ...« Von den Stirnen der Lakaien las die Chronistin die Jahreszahl 1789 ab, Ausbruch der Französischen Revolution.

Ob wegen ihrer »abscheulichen Offenheit« ihr Tagebuch veröffentlicht werden dürfe, fragte Mme Pozzi, und Rilke in seinem Antwortbrief plädierte für den Erhalt. »Es ist von allergrößter Wichtigkeit, daß Sie diesen Papieren ein Überleben fern von der Indiskretion und der Verachtung sichern.«

Rilke, wiewohl er als »Salonlöwe« galt (nach Harry Graf Kessler), blieb Catherines hohe Sphäre verschlossen. Den Wandel des Zeitgeists, der sich hier vollzog und dem seine Briefpartnerin sich widersetzte, nahm Rilke als Naturgesetz an. »Wolle die Wandlung«, heißt es in den *Sonetten an Orpheus*, die er ihr schickte, »Was sich ins Bleiben verschließt, schon *ists* das Erstarrte ...«

Catherine Pozzi protestierte auf deutsch: »Nein, nein, ich glaube es nicht, will's nicht glauben«, sie sträubte sich, die in Lorbeer verwandelte Daphne zu sein, »meine Seele sagt nein dazu«. Mit Platon erzogen, habe sie ihr ganzes Herz, alle Leidenschaft darauf verwandt, unter den wechselnden Erscheinungen das Dauernde zu suchen, und fühle sich immer dieselbe an Geist und Körper, trotz allen Leids. In Wahrheit war sie schon ein Jahrzehnt vor ihrem Dahinscheiden ein Schatten ihrer selbst, voller Todesahnungen.

Rilke sah sie »den Weg der längsten Geduld durchschreiten« – eine Schwindsüchtige mit Bluthusten. Im Mai / Juni 1924 durchlitt sie drei Operationen an einem tuberkulösen Abszess im Muskel des Oberarms. Die Narben verdeckte sie mit einem Schal, »der mich in Blumen kleidet«. Rilke schenkte Rosen in Seidenbändern. Bei seinem Besuch im Januar 1925 sei es »sanft und schmerzlich gewesen«, doch fehle es ihm an »Gleichmut und Gleichgewicht des Herzens«, um sie weiterhin zu besuchen: »erloschen und glühend unter der Asche ihrer Krankheit«.

Catherine Pozzi hingegen, wie in einer Fieberphantasie: »Er war zu mir gekommen, als ob ich das Große Abenteuer gewesen wäre, Botin eines Himmels, Verkörperung einer ›Eloa‹ seines Satans« (Schwester der Engel, der ein Höllensturz bevorstand). Und dennoch hob sie seine »Menschlichkeit« hervor.

Rilkes Zuruf aus den orphischen Sonetten – »Sei allem Abschied voran, als wäre er hinter / dir ...« – traf eine zwischen den Hörsälen und ihrem eigenen Salon-Laboratorium hin- und hergeisternde Silhouette, in jener Eleganz, die Catherine Pozzi als »höchstes moralisches Gebot des Körpers« propagierte.

Das Bild der Dame überblendete das der Denkerin. Ihre Wiederentdeckung stand erst bevor, die Würdigung des unvollendeten Œuvres, das die Zweiundfünfzigjährige hinterließ: philosophische Traktate, metaphysische Gedichte. Die Mission, der sie ihr Leben geweiht, gipfelte in der Frage: »Faut-il tuer la chair, ou bien la rendre esprit?« Soll man das Fleisch töten oder es in Geist verwandeln? Es war Catherine Pozzis Dilemma.

Baladine Klossowska, Porträt von Eugen Spiro, 1901

DIE MALERIN – BALADINE KLOSSOWSKA

Ja ich sehne mich nach dir.
Ich gleite mich verlierend selbst
mir aus der Hand …

R. M. RILKE

Rainer Maria Rilke gab seiner letzten und, für die Dauer einer kurzen Ewigkeit, leidenschaftlich geliebten Freundin den Namen »Merline«, eingedenk ihrer Zauberkraft.

Sie war eine Jüdin. Will man ihrer Photographie glauben, versprühte sie, dunkel onduliert, den Glamour einer Stummfilmschönheit. Weiß verhüllt in einem großen Fransenschal, spielt sie die Rolle der *Châtelaine* von Muzot, dem alten Wehrturm aus dem XIII. Jahrhundert, den sie gemeinsam mit Rilke im Wallis entdeckt hatte und im Sommer 1921 bezog. Das Château de Muzot in Sierre, Rilkes Wunschort für die Vollendung der auf Duino begonnenen Elegien, inmitten eines Weinbaugebiets, ohne den gewohnten Komfort. Dafür mit einem sogar tagsüber herumgeisternden Schloßgespenst, das Rilke, dem Okkulten zugeneigt, so willkommen war, ebenso wie Merlines tatkräftige Hand, wie ihr Sinn für orientalisch angehauchtes Dekor, wie ihre Hingabe als »Bezähmerin von Muzot«, ihre Ergebenheit mit Haut und Haar.

In Rilkes späten Gedichten von 1922 bis 1926 schwingt

sich die Geliebte als »Starker Stern, der nicht den Beistand braucht«, durch den reich bestirnten weiblichen Kosmos:

Großer Stern der Liebes-Priesterinnen,
der, von eigenem Gefühl entfacht,
bis zuletzt verklärt und nie verkohlend
niedersinkt, wohin die Sonne sank:
Tausendfachen Aufgang überholend
mit dem reinen Untergang.

Elisabeth Dorothea Klossowska, geborene Spiro (1886-1969), wurde in Breslau geboren, eines von dreizehn musisch begabten und geförderten Kindern des Kantors Abraham Beer Spiro, Komponist und Organist an einer Synagoge. Der Älteste, Eugen Spiro (1874-1972), machte sich einen Namen als Landschaftsmaler und Porträtist der Berliner Gesellschaft. Von ihm stammt das berückende Profilbild seiner fünfzehnjährigen Schwester als biblische *Belle Juive* mit goldenem Stirnreif und einem schwarzen Panther im Nacken.

Siebzehnjährig brach sie auf nach Paris, ihre malerische Ausbildung fortzusetzen, zusammen mit ihrem Gefährten Erich Klossowski (1875-1949), einem promovierten Kunsthistoriker, als Maler Autodidakt, polnisch-adeliger Abstammung; seine Braut trat zum katholischen Glauben über.

Gemeinsam kopierte das Paar im Louvre die Alten Meister, verkehrte am Montparnasse in den Kreisen von Künstlern, Intellektuellen, Museumsmännern, Julius Meier-Graefe und Pierre Bonnard. Rainer Maria Rilke trat in ihren Gesichtskreis und begegnete Madame Klossowska mit seinem gerühmten ›offenen Blick‹. Sie schenkte ihm ihre Photographie (um 1906), die so viel Sehnsüchtiges in ihrer Pose und den dunklen Signalen ihrer Augen verriet – als Unterpfand einer Freundschaft.

Gewisse Wunschvorstellungen zerstoben 1914, wie die Pariser Idylle. Erst nach den in Berlin verbrachten Weltkriegsjahren und der Trennung des Ehepaares im Jahr 1917 kreuzten sich beider Wege auf Schweizer Boden, wo Rilke seit 1919 ruhelos seinen Lebensort suchte, während die Freundin den ihren schon gefunden hatte, in Genf, wo sie mit ihren beiden Söhnen Pierre und Balthazar (1905 und 1908 geboren) kärglich zwei möblierte Zimmer bewohnte.

»Meine Söhne waren meine Schule und mein Plaisir, und ich war ihre Gespielin«, würde sie sich erinnern. »Und als Rilke dazukam, waren wir alle vier wie glückliche Kinder! Nous, les trois enfants – welche Tristesse, wenn er fehlte …«

In der kunterbunten klaustrophobischen Enge, wo ein Altar für Rilke-Memorabilia – Briefe und getrocknete Blumen – eben noch Platz fand, entging den »schönen Knaben« nichts von der sich anbahnenden, bald stürmischen Liebesbeziehung ihrer Mutter. Wie Rilke berauschte sie sich an der gefährlich süßen Droge ewigen Kindseinwollens: »Kann ich denn behaupten, daß meine Jugend je irgendwann zu Ende war?«

Rilke, Logiergast in Schloßhotels am Irchel oder in Sierre,

empfing Baladines Besuch; sie zeichnete ihn, er gewann sie für seine Lyrik.

»Im Gras liegend, gleichsam verwurzelt in dieser ein wenig feuchten und warmen Erde, habe ich Ihr ›Stundenbuch‹ gelesen, ich habe mit lauter Stimme gelesen, und je mehr ich las, desto mehr zitterte mir die Stimme, bis ich merkte, daß ich weinte.« Das Tränenbekenntnis verblüffte Rilke, mehr noch das Folgende: »Heut Nachmittag fliege ich auf den heiligen Berg, ich möchte meine Sorgen wie Wassertropfen abschütteln, um leicht, leicht da oben anzugelangen. … Ich bitte den lieben Gott, daß ich Sie dort oben wiedersehe.«

Und er: »Très-chère Amie, ich lese wieder und wieder Ihren Brief, um diesen Seelenzustand zu begreifen, den keine Phantasie hätte vorausahnen können.«

Die Beschwörungen seiner Bezauberin nahmen an Intensität zu: »Oh, René, René, Segenswünsche! Sie sehen mich als eine Fontäne, einen Baum, eine Blume im Stern über Ihnen«, in welchen Ton René in seinen Aufzeichnungen einstimmte, wo er sich einen »weiblichen Körper« vorstellte, der »im Fallen Sehnsucht weckt nach dem Reichtum der Natur« seiner Geliebten. Wie weit wagte die ferne Geliebte sich vor? »Ich liege in meinem schmalen Bett, zitternd vor einem süßen Verlangen nach Deinem jungen Körper, Deinem schönen Körper, den ich in meinen Armen halten will, ihn anzuschauen, ihn immer zu lieben. Ich will mich in ihn hineinflüchten und in ihm in zärtlichen Schlaf versinken. Warum führe ich kein Doppelleben?«

Ihre Söhne waren für Rilke von großer Anziehungskraft. Väterliche Gefühle (die er seiner Tochter vorenthielt) hegte er für den Jüngeren, Balthazar oder Balthus gerufen. Ein elfjähriges Talent mit seinem Katzen-Comic *Mitsou*, dem Rilke ein Vorwort widmete, poetisch-philosophisch über »Mensch und Kreatur«, Finderglück und Verlust. »Wer kennt schon die Katzen? Wollen Sie, cher B., behaupten, sie zu kennen? …«

Das französisch geschriebene Erfolgsbuch, Rilkes erstes Prosawerk in der Fremdsprache, erschien 1921 in Zürich und Leipzig. Honorare hielten die drei Klossowskis zunächst über Wasser und verebbten dann. Geldnöte erzwangen einen Ortswechsel. Verwandte boten Unterschlupf in Berlin. Bahnhofshallen voller Dampf aus Lokomotivschornsteinen statt Landschaften mit wolkenverhangenen Bergen. Elendsjahre von 1921 bis Mitte 1923 spiegeln sich in nur wenigen erhaltenen Briefen, darin die Klage über einen bösen Traum, ein *cauchemar*: der Blick von ihrem Balkon auf einen Hinterhof, »eher ein Gefängnishof« (13./14. April 1921).

René verstimmte das »russische Pathos«, seine Passion flaute ab. Merlines bohèmehafte Ungezwungenheit, in den Genfer Tagen seine helle Freude, sah er im Licht neuer Erkenntnis als »psychische Instabilität«; ihre Sucht nach *le plaisir*, der körperlichen Lust, verriet sich in liebestollen Briefen: »Mein Abendstern, mein Morgenstern in meinen Armen! Jede Bewegung spiegelt Sie wider, wenn ich mich aufbäume …«

Ungetrübt blieben Rilkes Gefühle für die beiden Söhne

in der mit den politischen Wirren, den Streiks sowie Gas-, Wasser- und Stromausfällen für Heranwachsende so ungeeigneten Stadt. Madame Klossowska sei zu »puerile«, um ihren Kindern eine konventionelle Existenz zu bieten.

Die sensiblen Hochbegabten lernten die Berliner Museen kennen, ihre Mutter hatte berufliche Erfolge. 1922 präsentierte die renommierte Galerie Flechtheim ihre Zeichnungen und Aquarelle im Rahmen einer ausschließlich Künstlerinnen gewidmeten Ausstellung; die Kleine Galerie Berlin folgte mit einem Zweijahresvertrag, fortan signierte sie ihre Arbeiten unter ihrem Künstlernamen ›Baladine‹. Noch zählte sie die Groschen für die Malstunden ihres Jüngsten.

Wieder griff Rilke ein, Balthus begann seine Lehrzeit in einer Schweizer anthroposophischen Kunsthandwerker-Gemeinde in Beatenberg. Eine Photographie erzählt vom Treffen der drei bei einem Waldspaziergang im Sommer 1922. Rilke in starrer Herrenpose, Baladine mit Zigarette und elegisch, der hochaufgeschossene schöne Page zeigt seine jungenhafte Befangenheit. »Ma mère, une très belle femme«: als berühmter Künstler würde Balthus seine Erinnerungen an sein geliebtes ›Lottchen‹, das er vor Schulfreunden als seine Schwester ausgab, ins Bild bringen: eine Traumverlorene im Morphiumschlaf. Hereingeschwebt kommt der Engel mit der goldenen Frucht, dem Opiat trügerischer Hoffnung (*Le rêve*, 1956/57).

In diesem mysteriösen Milieu fand Jean Cocteau den Stoff für seinen Kultroman *Les enfants terribles* (1929). Die

Geschichte eines auf seine Kindheit fixierten Geschwisterpaars im Chaos seines »geheiligten Zimmers«.

Baladines Wechsel nach Paris im Jahr 1924, gleichsam ein *Bonjour bonheur* und *Adieu tristesse*, hat Rilke in seiner Endzeitstimmung, von Todesahnungen heimgesucht, in ein surrealistisches Tableau hineingestellt:

> *Plätze, o Platz in Paris, unendlicher Schauplatz,*
> *wo die Modistin,* Madame Lamort,
> *die ruhlosen Wege der Erde, endlose Bänder,*
> *schlingt und windet und neue aus ihnen*
> *Schleifen erfindet, Rüschen, Blumen, Kokarden,*
> *künstliche Früchte –, alle*
> *unwahr gefärbt – für die billigen*
> *Winterhüte des Schicksals.* (Fünfte Elegie)

Das Pariser Intermezzo von Januar bis August 1925 führte Rilke in Literatenkreise, »allzu oft im Schlepptau von Madame Klossowska«, so Harry Graf Kessler. In ihrem Stolz auf René, hatte er doch Paul Valérys Dichtung den Deutschen nahegebracht, gefiel Baladine sich in der Rolle der Mittlerin. Sie stellte ihn einem künftigen Briefpartner vor, dem Dichter und Romancier Pierre Jean Jouve, dessen Wort »Die Liebe ist hart und unerbittlich wie die Hölle« sie allzubald am eigenen Leibe erfahren würde. Für André Gide und die *Nouvelle Revue Française* besorgte sie eine Auswahl von Renés *Vergers*, den Obstgartengedichten.

Der Turm von Muzot rief das Paar aus der »Leid-Stadt« Paris zurück an den Ort der Elegien, der lyrischen Entwürfe und späten Gedichte. Ein letztes, frühherbstliches Beisammensein, dann der Abschied ohne Wiedersehen am Bahnhof von Sierre, am 11. September 1925. »Mon cœur est brisé«, zu spät erkannte Baladine Renés Zustand.

Im Mai 1926 schickte Rilke ihr einige seiner *Fenster*-Gedichte, »zum Pläsir Ihres Bleistifts«. Sie würde den Zyklus der *Fenêtres* illustrieren, mit Vögeln, Blumen und den Figurinen ihrer eigenen Nostalgie (posthum 1927). Die poetologische Bedeutung des Wortes »fenêtre« zielte auf das Geöffnetsein für die französische Sprache, mit Baladine als Medium und Vermittlerin. Ausgesperrt, in Wunschträumen gefangen und Angst – »Chéri, es ist doch nichts Böses zwischen uns?« –, verfolgte sie ihn mit dem Mantra seiner einmal so heißen Bekenntnisse. Jetzt zerrissen René die Mänaden: seine Schuldgefühle, sein zu vollendendes Werk, die späten Gedichte, seine neuen Amouren.

»Ma chère Merline«, schrieb er am 23. Dezember 1926, kurz vor seinem Tod, »wenn Ihr liebendes Herz Ihnen den Rat gäbe, zu kommen, wären Sie schlecht beraten.«

Sie überlebte Rilke um gut vier Jahrzehnte. Als Malerin und als Gastgeberin in Paris, bescheidener etabliert als vormals, umgab sie sich mit Künstlern und Schriftstellern, von Jean Cocteau bis Friedrich Sieburg, dem deutschen Publizisten. Der wachsende Ruhm ihrer Söhne bot einen Schutzraum.

Während Rilke in Form seines Bildniskopfes im Dritten Reich (nach dem Anschluß von Österreich 1938) hohe Ehrung erfuhr, mußte sich seine einstige jüdische Geliebte in Frankreich vor der Wehrmacht verstecken. Dem Judentum ihrer Mutter gegenüber blieben Pierre und Balthus ambivalent. In ihrem Kunstschaffen huldigten sie der *Frau*, dem Rilkeschen »Gegen-Himmel«. Beiden Klossowskis, große Erotiker in ihren Schriften und Gemälden, wurden Tabubrüche zur Obsession. René und Merline in ihren Briefen und Gedichten blieben verglichen damit in den Randzonen stecken:

Flamme und Eis
schließen dich ein wie ein einziger Brand.

Wera Ouckama Knoop

DIE TÄNZERIN – WERA OUCKAMA KNOOP

Tänzerin: o du Verlegung alles Vergehens in Gang: wie brachtest du's dar …«

R. M. RILKE

Rilke nahm die noch kindliche Gestalt, »harmonisch wohlgeformt, braun und schlank«, eine Russin mit slawischen Gesichtszügen und von dunklem Liebreiz, mit »eigentümlicher Aufmerksamkeit und Ergriffenheit« wahr. Im Jahr 1922, drei Jahre nach ihrem frühen Tod, erschien der Zyklus seiner 55 *Sonette an Orpheus*, die er der Frühverstorbenen widmete: »Geschrieben als ein Grab-Mal für Wera Ouckama Knoop«. Damals bekannte er: »Mir ist's wie eine ungeheure Verpflichtung zu meinem Innersten und Ernstesten.«

Wie eng die innere Bindung des Dichters an die junge Künstlerin war, läßt sich nicht ergründen, allenfalls erahnen aus seinem lyrischen Hymnus, in dem er diesen aus seiner Himmelsbahn geschleuderten Stern, nicht einmal erster Größe, aufleuchten ließ:

Dich *aber will ich nun,* Dich, *die ich kannte / wie eine Blume, von der ich den Namen nicht weiß, / noch* ein *Mal erinnern und ihnen zeigen, Entwandte, / schöne Gespielin des unüberwindlichen Schrei's. …*

Sie war Halbwaise, ein Emigrantenkind; ihr Vater, ein Schriftsteller und Textilunternehmer in Rußland, hatte sich mit seiner Familie in München niedergelassen, wo er 1913 verstarb. Die jüngere seiner beiden Töchter, Wera (1900-1919), wurde die Spielgefährtin von Rilkes Tochter Ruth, die mit ihrer Mutter Clara Rilke-Westhoff dort eine Wohnung bezogen hatte.

Rilke im Herbst 1915 in München, umschwärmt von jungen Künstlerinnen, die der aphrodisischen Wirkung seiner Lyrik erlagen (»Rainer Maria – einmal liebte ich Deine Seele fast so wie man Gott liebt«), war fasziniert vom Tanz. Die Solistin Sent M'Ahesa lockte ihn mit privaten Auftritten, auf seinen Wunsch hin allein.

Tanz, die Körpersprache des beseelten Individuums, hinterließ Spuren in Rilkes Prosa und in seiner Poesie. Die in Pastell gemalten oder aquarellierten Balletteusen von Degas oder eine spanische Flamenco-Tänzerin von Zuloaga brachten jähe Stimmungsumschwünge in ihm hervor; Rodins *Bacchantin* erweckte seine Libido: »Graue Liebesschlangen hab ich aus deinen / Achselhöhlen gescheucht ...«

Ein seltenes Lichtbild zeigt die halbwüchsige Russin, in transparenter kurzer Tunika, wie sie ihre Arme wie zerbrechlich dünne Äste irgendetwas Gewachsenem entgegenstreckt – dem Baum des Dichters? »Da stieg ein Baum. O reine Übersteigung!« Und weiter Rilke, so als habe er die Tänzerin mit seinem inneren Auge gesehen:

Immer, o Nymphe, seit je / hab ich dich staunend bewundert
ob du auch nie aus dem Baum mir dem verschlossenen
tratst –.
Ich bin die Zeit die vergeht –, du bist ein junges Jahrhundert,
alles ist immer noch neu, was du von Göttern erbatst.

Rilkes »Nymphe« Wera Ouckama Knoop war hineingeboren in das Jahrhundert des ›Modern Dance‹, nach einem Wort der weltberühmten amerikanischen Choreographin Martha Graham (1894-1991): »Wherever a dancer stands ready, that spot is holy ground.« Tänze als Ur-Kunst interpretieren die alten Mythen neu. Das Heidnische und das Sakrale kreuzten sich, schritten gleichsam Hand in Hand.

Rilke fand das Wilde und Dynamische des göttlichen Kultus, das Stampfen bei den fabelhaften ›Ballets Russes‹, Orgien aus Farben, Tönen und Frenesie; er besuchte, dem Neuen gegenüber aufgeschlossen, die Stätten einer geistig-körperlichen Bewegungsreform, der Eurythmie, in der Gartenstadt Hellerau bei Dresden, wo Eleven in schwarzen Wolltrikots Glucks *Orpheus und Eurydike* tanzten, und auf dem Monte Verità bei Ascona, einem Zentrum der Reformbewegung und der Freikörper-Ideologie.

René selber, der Nacktläufer am Meeresstrand von Viareggio, zog den Tanz mit den Elementen im Rhythmus der Wellen vor. »Einzige Welle, deren / allmähliches Meer ich bin; / sparsamstes du von allen möglichen Meeren …«

Rilkes »jubelnde Zustimmung zum ganzen Dasein«, wie

einer seiner Biographen schreibt, durchzieht die Folge seiner Sonette, in denen sich seine Erschütterung über den Tod spiegelt.

Den Tod Eurydikes, den Orpheus verursacht, weil er das Gebot der Götter, sich nicht nach der Gemahlin umzudrehen, die er aus dem Hades herausholte, mißachtet.

Rilke inspirierte das griechische Orpheus-Relief (in römischer Kopie) in Neapel zu seinem Gedicht *Orpheus. Eurydike. Hermes*: »Das war der Seelen wunderliches Bergwerk ...«, darin er die *Unberührbarkeit* der Jungverstorbenen besingt: »... ihr Geschlecht war zu / wie eine junge Blume gegen Abend ...«. In Erinnerung an seine Verse von 1904 schuf er seine späten Sonette für Wera Ouckama Knoop, deren unausgelebtes Leben ihn ergriff und gleichzeitig hinriß zu dem Ausruf »Hiersein ist herrlich!«.

Zur Jahreswende 1922 erhielt Rilke in Muzot die erbetenen Aufzeichnungen von Frau Gertraud Knoop über den Verlauf der Leukämie-Erkrankung ihrer Tochter; mit den »süßen schweren Leid-Pausen«, der Verzweiflung, dem Sich-Aufbäumen, dann der »wiederkehrenden Zusage ans Leben« und ihr »bis ins letzte fähige Hineingehören ins Hiesige«.

Tänzerin erst, die plötzlich, den Körper voll Zögern,
anhielt, als göß man ihr Jungsein in Erz;
trauernd und lauschend –. Da, von den hohen Vermögern
fiel ihr Musik in das veränderte Herz.

Ursula Voß
Rilkes Sternenfrauen

Mit 12 farbigen Abbildungen
Insel-Bücherei 1530

Rainer Maria Rilke war äußerlich kein schöner Mann, doch suchten Frauen unterschiedlichen Standes, Alters und Lebensstils immer wieder seine Nähe. Ursula Voß erkennt im Spiegel des weiblichen Blicks auf Rilke viele neue Facetten des Dichters und setzt zugleich den Frauen, die ihn inspiriert und gefördert haben und sich von ihm inspirieren ließen – seien es Freundinnen, Gefährtinnen, Geliebte und Gönnerinnen –, mit diesem Buch ein eindrucksvolles Denkmal.

»Das Glück dieser Erde«
Pferdegeschichten
Herausgegeben von Marie Bernhard
Mit Illustrationen von Christina Kraus
Insel-Bücherei Nr. 1525

Selma Lagerlöf
Ein Weihnachtsgast
Aus dem Schwedischen von Hanna Granz
Mit Illustrationen von Ulrike Möltgen
Insel-Bücherei Nr. 1526

Longos
Daphnis und Chloë
Mit Illustrationen von Renée Sintenis
Insel-Bücherei Nr. 1527

Kia Vahland
Farbe bekennen
Alte Bilder, neue Zeiten
Mit zahlreichen Abbildungen
Insel-Bücherei Nr. 1528

Rahel Levin Varnhagen
»Das Herz ist ganz im Dunklen«
Herausgegeben und mit einem
Nachwort versehen von
Barbara Hahn
Insel-Bücherei Nr. 1529

Zunehmende Beschwerden verboten dem Mädchen das Tanzen, Wera wandte sich ganz der Musik zu, was sie für Rilke mit dem mytischen Orpheus verband, der die Tiere und Pflanzen und selbst die Steine mit seiner Lyra betörte.

Tiere umgaben den Sänger, Rehe und Hasen paarweise, ein exotischer Vogel. So wie Wera die Musik mit Orpheus verband, näherte sie sich zeichnend seiner Flora und Fauna an.

Nah war die Krankheit. Schon von den Schatten bemächtigt,
drängte verdunkelt das Blut, doch, wie flüchtig verdächtigt,
trieb es in seinen natürlichen Frühling hervor.

Wie in einer Vorahnung dessen, was ihm selbst in vier Jahren bevorstand, fügte Rilke die Zeilen hinzu:

Wieder und wieder, von Dunkel und Sturz unterbrochen,
glänzte es irdisch. Bis es nach schrecklichem Pochen
trat in das trostlos offene Tor.

Am Ende der Sonette die tröstliche Order:

O komm und geh. Du, fast noch Kind, ergänze
für einen Augenblick die Tanzfigur
zum reinen Sternbild einer jener Tänze,
darin wir die dumpf ordnende Natur

vergänglich übertreffen.

Lally Horstmann, Porträt von Augustus Edwin John, ca. 1925

DIE MITPATIENTIN – LALLY HORSTMANN

… genießen Sie die heile Stille,
in die die Vogelstimmen so
schöne Namenszüge sticken.

R. M. RILKE

Die Dame mit dem Magnolienteint und dem chinesischen Hündchen war neu im Sanatorium Val-Mont, hoch über dem Genfer See, keine Ungekannte jedoch für den prominentesten Gast, der ihr eine langstielige Rose überreichen ließ durch den Chefarzt und ein Grußwort an diesem naßverschneiten 11. März 1926:

> Gnädigste Frau,
> das wäre (darf ichs versichern?) seit Monaten die erste authentische Freude, zu wissen, daß Sie hier sind, in Val-Mont, und sich meiner – trotz so geringer und flüchtiger Gegebenheiten – gütig erinnern.
> So wie Ihr Befinden es zuläßt und Sie mir den gewährenden Wink geben mögen, wird es mir die schönste Vergünstigung sein, Sie zu begrüßen.
> Inzwischen: ich bin seit nahezu sieben Jahren »Schweizer« (im Valais angesiedelt) und nun zu dritten Mal in diesem gastlich=hülfreichen Hause: sollte Ihnen irgend ein Rath

oder Dienst (auf diesen kleinen Vorsprung hin, den ich geltend machen darf) erwünscht sein, so verfügen Sie, bitte, über meine ganze Bereitschaft.

Rainer Maria Rilke.

Er hatte die junge Leonie von Schwabach 1915 in Berlin bei einer Gesellschaft kennengelernt, sie begleitete ihn zu seinen Porträtsitzungen bei dem Bildhauer Fritz Huf, wo er aus dem *Stundenbuch* vorlas und wo schon Leonies orientalisierendes Köpfchen modelliert wurde und Rilke nachsann über das »Kindsein« und den »Tropfen Schicksal«.

Sie wurde ›Lally‹ genannt, 1898 geboren als Tochter des jüdischen, 1907 vom Kaiser geadelten Bankiers Paul von Schwabach und dessen Ehefrau aus dem Hamburger Patriziat, mit irischen Wurzeln, als blonde Schönheit am Kaiserhof geschätzt. Früh vermählte sich Lally (gegen den Wunsch ihrer Eltern) mit dem zwanzig Jahre älteren Rittmeister und Diplomaten, Kunstkenner und Genußmenschen Dr. Alfred Horstmann, Liebhaber des Dixhuitième, sehr vermögender Erbe eines Frankfurter Zeitungsunternehmens.

Lally war vielsprachig erzogen, sie war weitgereist, eine Kosmopolitin, wovon sie kein Aufhebens machte. Bei ihrer Wiederbegegnung in Val-Mont streifte Rilke das Flair einer ins Mondäne gewendeten Sulamith und riß ihn heraus aus seiner dem Leiden geschuldeten Lethargie. »Elle est laide«, sie sei häßlich, schrieb er seiner Schweizer Gönnerin Nanny Wunderly-Volkart, »zierlich, intelligent und extrêmement sympathique, ihr Zimmer quillt über von Blumen und hübschen Dingen, die sie mitgebracht hatte (samt einem chinesischen Palast-Hund und einer Jungfer) und da die No 31 einen Kamin hat, gibt es bei ihr immer ein schönes Feuer ...« (Wunderly-Volkart und ihr Vetter Reinhart bestritten die Kosten für Rilkes Aufenthalt und medizinische Behandlung, die zunächst einem noch nicht näher diagnostizierten Leiden galt, das sich dann als Leukämie herausstellte.)

Lally zeichnete das Bild ihres schlichten Besuchers: den schmächtigen Körper, den langen Schädel, die knochigen nervösen Hände und das silberne Kreuz an der Uhrkette dicht beim Herzen, woran er sich gleichsam festhielt. Das tanzende Feuer lockte, er brachte Bücher mit, »er wollte meinen Geschmack schulen«, alles ausgerichtet auf *la douce France*, wie der Bildband über gotische Skulpturen in Frankreich, die auserwählten waren eigens markiert. »Jede Gewandfalte prägte sich mir ein.«

Lallys ästhetische und literarische Erziehung hatte in der elterlichen Bibliothek der Villa am Tiergarten begonnen. Schwabach, ein versierter Historiker, weihte seine Tochter in die Schriften und Denkwege des Meister Eckhart ein. In dieser Bibliothek war jeder Zugriff möglich, wie der auf das ominöse Skandalbuch *La Société berlinoise* eines Conte Vasili, dessen Urheberschaft man der von Bismarck verehrten Leonor Schwabach zuschrieb, Lallys Großmutter.

Rilke stieß auf eine aufgeschlossene Leserin für Marcel Prousts mikroskopische Analyse der Pariser Gesellschaft. »Er selber war als Lyriker damit befaßt, seine Gefühlserfahrungen in konzentrierte Versform zu gießen, aber ihn faszinierte das Vorgehen, wie nämlich der große französische Prosaist seine selbst noch aus der Kindheit herrührenden Impressionen in einer einzigen Symphonie harmonisch zusammenfaßte. … Und im Hintergrund das wechselseitige Kräftespiel all der gesellschaftlichen Ambitionen, der Sehnsüchte und Leidenschaften, die überall, so meinte Rilke, die gleichen seien: am Hofe Ludwigs XIV., wie sie in den Memoiren des Herzogs von Saint-Simon aufgezeichnet sind, in einem kleinen Provinznest oder in der abgeschirmten vornehmen Gesellschaft des Pariser Fin de siècle.«

Lally erzählt weiter: »Rilke amüsierte der Gedanke, wie wohl ein versnobter Journalist von mäßigem Talent – ein ›society Kolumnist‹ – mit diesen Impressionen umgegangen wäre – ganz im Gegensatz zu der leuchtenden Prosa, in die Proust seine Erfahrungen übertrug; und aus Spaß entwarf er die Skizze eines solchen ihm vorschwebenden Journals. Leider zerriß er sie gleich darauf und warf sie ins Feuer, bevor ich danach schnappen konnte.«

An den *Aufzeichnungen des Malte Laurids Brigge* in ihrer Düsternis fand sie dagegen wenig Gefallen. Das Menschenelend, der Anblick von Armut und der Geruch der Angst, das »Brennen von Ruß« und die abgebrochenen Mauern – all das hätte sie vorbereiten können auf das, was ihr in zwanzig Jahren bevorstehen würde, und fand später Eingang in ihre Aufzeichnungen über ihr Kriegs- und Nachkriegsschicksal.

Rilke erschrak, wenn die Kaminplaudereien seine »gnädigste Freundin« ermüdeten, wie seine endlosen Monologe.

»Was Ihre Güte mir auch darwider versichern möchte, nichts wird meine Überzeugung verringern, daß ich Sie gestern durch zu vieles und zu langes Reden ermüdet habe. Ich hab es mir strenge, strengstens vorgehalten. Aber … Aber die Ebene zu Ihnen hat den rechten Neigungswinkel (Wie gut, daß alles zuletzt Mathematik ist), ferner hören Sie wunderbar zu, und zuletzt merk ich, daß die lange Abschränkung und Isolierung mich, wo einmal die Gelegenheit schön und lohnend ist, geschwätzig gemacht haben.« (22.3.26)

Rilkes Annäherung an die Fieberkranke nahm die Form einer spielerischen Courtoisie an, er erfand einen eigenen Code der Verständigung, in den das Pflegepersonal als Vermittler eingeschaltet war: Das Hin und Her der »blauen Spruchbänder« von der N°47 zur Nummer 31, von der ungeduldigen Patientin mit dem »Nahe=Rohr« (vermutlich einem Lorgnon) erspäht, wie auch die kleine Figur eines Hirten – »altes Elfenbein, vielleicht Renaissance, ein rührendes kleines Meisterwerk …«, die Rilkes Unpäßlichkeit signalisierte. »… ich habe einen wenig guten Tag heute. Dazu um sechs meine Dusche, im Anschluß an die ich schon im Zimmer bleibe, zumal mein dîner nur aus einem Teller der berühmten ›Soupe Schmidt‹ besteht. Der Sonntag am Kamin war ein großes Geschenk für mich …« (7.4.26) Eine unschöne Bläschenbildung im Mund nötigte ihn zu einer Schleimsuppe.

Die Vertraulichkeit nahm zu in dem Maße, wie Rilke, seiner Natur folgend, die Präsenz einer Weiblichkeit, die ihm keinerlei Gefühlsanstrengungen abverlangte, nicht entbehren wollte; er öffnete sein Inneres: »In diesen langen Stunden des Beisammenseins begann er vor mir seine Qual zu enthüllen, die sein ganzes Leben begleite und jeden Moment für ihn vergifte …« Eine Phase der »Sterilität … Der göttliche Funke mied ihn, keine Selbstquälerei konnte die geistige Kraft herbeizwingen, ohne die er verloren war, verloren und verzweifelt. Er sprach von der Heiligen Theresa von Avila, der Gott Gnade erwiesen und wieder entzogen hatte… Jetzt irrte er wieder in einer Wüste …«

»Telepathische Strahlungen« (J. Giraudoux) führten die beiden Leidenden zusammen. Beide folgten sie der Aufforderung des von Rilke hochgeschätzten französischen Dichterdiplomaten Jean Giraudoux: »Lesen lernen!« Rilke errichtete für seine Mitpatientin nicht nur eine ›bibliothèque imaginaire‹; »Die vom Winde der Sehnsucht / aufgeschlagenen Bücher« nahmen konkrete Gestalt an. Seine Wahl fiel auf *Bella* von Jean Giraudoux (1925), einer der »seltenen Prosaisten, die die Feder gebrauchen wie einen Zauberstab … und man erfährt, was aus dem dichten und undurchlässigen Stoff einer politischen Zeit werden kann, wenn ihn ein Dichter, spielend, auf der magischen Ebene vertheilt, auf der wir in Wirklichkeit leben.«

Bitten an die »liebe Gnädige Frau« nach dem »dîner noch eine kleine Stunde« bei ihr zu sein, wurden umso lieber gewährt, als der Besucher Lesestoff mitbrachte, oft in Anspielung auf das, was beim Kamingeplauder an Familiärem mit einfloß: Lally Horstmanns enge Bindung an ihren jüngeren Bruder Paul. Rilke hielt den schwülstig mythischen Romantiker Barbey d'Aurevilly mit seiner *Histoire sans nom* von 1882 für durchaus geeignet, sie über die Stunden seiner *traîtements* tröstlich zu unterhalten. Mit der Geschichte zweier schöner Geschwister, die »wie zwei Rosen aus einem Meer von Blut emportauchen und durch ihre inzestuöse Liebe die brudermörderische Rasse ihrer Vorfahren (der Valois) auslöschen«. Unter der Regierung König Heinrichs IV. wurden Bruder und Schwester am 2. Dezember 1603 in Paris auf der Place de Grève enthauptet.

Frankreichs Geschichte prägte auch einen ärztlich genehmigten Ausflug Rilkes mit Madame Horstmann. Eine Wanderung nach Aigle, am Ende des Genfer Sees, wo in einem Schlößchen aus dem Dixhuitième die Phantome zweier Männer jener Zeit spukten, Abenteurer aus einem Thriller. Der Hypnotiseur und Wahrsager Cagliostro vom Hofe Ludwigs XVI., der vor der Ungunst der Fortuna in die Verlassenheit flüchtete, und ein gewisser Graf Naundorff, der angebliche Dauphin Louis XVII., der während der Französischen Revolution spurlos verschwunden war. Lally berichtet: »Rilke zeigte sich fasziniert« von der Geschichte zweier Inidividuen, die ihren Zeitgenossen »ein Wunschbild der eigenen Person« aufzuzwingen versuchten. Die wunderschönen Möbel des kleinen Château, »die so lebendig sind wie Menschen«; die man aus dieser Gottverlassenheit retten müsse für sein Château Muzot, Rokokostühle mit pastoralen Motiven und so unverkäuflich wie die Geschichte selber.

Er habe den Verzicht mit dem Humor genommen, der seiner Vornehmheit entsprach, und wie er dann in Muzot, wo Reparaturen im Turm anfielen, zwischen »Mörtel und Müll« zum Stift griff und »panneaux eigener Erfindung auf die geduldigen Wände« zeichnete – kunstbeflissener »associé des Malermeisters«. Hatte er doch schon in früher Jugend flotte Damen und Militärs bunt zu Papier gebracht, der ›Theater-René‹.

Im Sanatorium gab er sich als Entertainer mit »leichtsinnigen Oster=Eiern«, Reimen für die Freundin »als Beweis für die Harmlosigkeit meiner französischen Produktivität«. Ein Frühlingslied über blühende Apfelbäume Eva zu Ehren und gereifte Äpfel »ohne Wissen der Schlangen«. (Lally Horstmann war nicht die einzige Empfängerin des im Stil von Paul Valérys *Charmes ou Poèmes* verfaßten Gedichts, das an Rilkes *Vergers* denken läßt in Helle und Leichtigkeit der Atmosphäre. Wie ja Rilke als Liebhaber ein Meister der Gleichzeitigkeit war. Erfuhr Lally davon?)

»Darf ich, Gnädigste Frau, anfragen, ob ein Spaziergang Ihnen recht wäre und wann? Oder, wenn kein Ausgehen auf Ihrem heutigen Programm steht, dürfte ich um fünf eine kleine Stunde zu Ihnen kommen? RMRilke.« (13. März 1926)

Liebe Gnädigste Frau,
ich habe heute herrlich viel Freiheit (...): wäre dankbar, dürfte ich viel bei Ihnen sein. Von halb sechs ab? Bitte bestimmen Sie.

RMRilke. (1. April 1926)

Die Verehrte berichtet von einem Tripp nach Vevey mit der Zahnradbahn, ein aufgescheuchter Bussard schwang sich in die Lüfte. War es nicht einer von denen aus der *Ersten Elegie*, die Rilke ihr vorgelesen hatte und wo es heißt:

...
Wirf aus den Armen die Leere
zu den Räumen hinzu, die wir atmen; vielleicht
daß die Vögel
die erweiterte Luft fühlen mit innigerm Flug ...

Der gefeierte Dichter stößt in neue Räume vor; er erklärt in Art eines Ornithologen seiner Begleiterin die Eigenschaften des Vogelauges, die Beschaffenheit des Sehapparates bei Raubvögeln und »die staunenswerte Leistung dieses komplexen Mechanismus, der seine Entstehung dem Hirn eines mysteriösen Genies zu verdanken scheine«.

»Schauen, sehen, das ist wesentlich«, schrieb Rilke nach dem Abschied seiner »lieben gnädigsten Freundin«, die nach zwei Monaten die Heilanstalt verließ; die Schatten einer ›Mondlandschaft‹ auf der Lunge waren verschwunden.

Briefe füllten den Zeitraum bis zum verabredeten Wiedersehen in Sierre und in Berlin, das nicht zustande kam.

»Von Ferne lenkte er weiter meinen Lektürekanon«, die Korrespondenz wurde intensiver, nun da Rilke den Frühsommer und Herbst im Turm von Muzot, frei von ›traîtements‹ und Herr über seine Zeit, für seine Berufung als Dichter lebte. Letzte Gedichte in französischer Sprache: »Des adieux, encore des adieux! …« Anfang September, am 2. November, die Ablehnung seiner Wahl in die Akademie der Künste.

Da Lally Horstmanns Gegenbriefe fehlen, ist der Grad ihrer Anteilnahme unbekannt. In den über die Zeiten geretteten Briefen Rilkes finden sich keine der Klagen, wie sie die vertrauten Schweizer Gönner empfingen, nachdem Rilkes Zustand sich verschlimmerte. Die ferne Freundin, nun wieder ganz Berliner Gesellschaftsdame, überdies anglophil erzogen – sie las den *Ulysses* von James Joyce auf englisch –, wurde von Rilke in die Welt der Romania hineingezogen: Henry de Montherlants Roman *Les Bestiaires*, eine Glorifikation des Stierkampfs als einer Herausforderung des Lebens, unter dessen Schwere sie zu zerbrechen drohte, sollte ihr zum Menetekel werden.

Rilke, seit dem 30. November in Val-Mont, hatte ihr schon am 19. Juni aus Muzot geschrieben: »Wenn ich überlege, was mir V.-M. eingetragen hat, fällt mir immer vor allem das Glückliche unserer Begegnung ein, der reiche große Gewinn Ihrer Freundschaft …«

»Gegen Weihnachten traf sein letztes Geschenk ein: Gedichte von Moréas.« Das auf Pergament kalligraphierte Fragment *Die Natur* von Goethe, »das er liebte«, erreichte den Freund nicht mehr. »Ich erhielt noch einmal ein Wort von ihm, hingeworfen auf ein zerknittertes Stück Papier, das aus einem Abgrund von Schmerz zu mir gelangt war. Es war französisch: ›Je souffre plus que des mots peuvent le dire.‹« (Ich leide mehr als Worte zu sagen vermögen. o. D.)

> *Und so verhalt ich mich denn und verschlucke den Lockruf*
> *dunkelen Schluchzens. …*

Das Dichterwort füllte sich für die Erzählerin erst später mit Sinn, als sie die Vorträge des Religionsphilosophen Romano Guardini über Rainer Maria Rilkes *Duineser Elegien* hörte. Eine Seinserfahrung christlich-existentiell gedeutet, mitten im Krieg, in der von Bomben verwüsteten Stadt Berlin und im märkischen Schloß Kerzendorf. Horstmann hatte 1933 den diplomatischen Dienst quittiert, er wollte sich nicht von seiner halbjüdischen Frau scheiden lassen.

Auch davon berichtet sie in ihren *Aufzeichnungen aus dem Untergang. Berlin 1943-1946*, die sie, verwitwet (ihr Mann verstarb im August 1947 im »sowjetischen Speziallager« Sachsenhausen), enteignet, politisch verfolgt, in England abfaßte, 1953. *Nothing for tears*, ein Erfolgsbuch aufgrund der melancholisch-poetischen Dämpfung der Schrecknisse, denen sie als Halbjüdin seit der Machtergreifung Hitlers ausgesetzt war so wie nach 1945 dem sowjetischen Geheimdienst

NKWD, der sie bis in ihr Westberliner Refugium verfolgte. Ein befreundeter britischer Besatzungsoffizier begleitete sie ins Exil. Es endete mit dem ungeklärten Tod der Autorin in Brasilien, 1954. Ihr Memorial von 1995 mahnte: »Kein Grund für Tränen«.

VERGÄNGLICHKEIT

Flugsand der Stunden. Leise fortwährende Schwindung
auch noch des glücklich gesegneten Baus.
Leben weht immer. Schon ragen ohne Verbindung
die nicht mehr tragenden Säulen heraus.

Aber Verfall: ist er trauriger, als der Fontäne
Rückkehr zum Spiegel, den sie mit Schimmer bestaubt?
Halten wir uns dem Wandel zwischen die Zähne,
daß er uns völlig begreift in sein schauendes Haupt.

RAINER MARIA RILKE

Lotte Pritzel, 1924

DIE PUPPENKÜNSTLERIN –
LOTTE PRITZEL

Wenn ich meine Puppen kostümiere,
so ist jede Faser Stoff, jede Scherbe Glas –
Material gewordene innere Vision.

LOTTE PRITZEL

René Rilke als Knabe in »sehr schönen« Mädchenkleidern bekam Puppen zum Spielen. Seiner Erinnerung nach hielten sie seiner wilden, ja zerstörerischen Zärtlichkeit stand. »... mitgezogen in die Kinderbetten, verschleppt in die schweren Falten der Krankheiten, in den Träumen verkommend, verwickelt in die Verhängnisse der Fiebernächte: so waren jene Puppen.« Dann »in einen Winkel geschleudert, verschmäht, verachtet, abgetan«.

In seiner Dichtung treten sie wieder in Erscheinung, in der *Vierten Duineser Elegie*, wo es heißt »Ich will nicht diese halbgefüllten Masken, / lieber die Puppe ... ich will den Balg aushalten und den Draht und ihr / Gesicht aus Aussehn.« Und weiter: »Engel und Puppe, dann ist endlich Schauspiel.«

Beides wurde Rilke zuteil, Puppe und Schauspiel, als er im Herbst 1913 in einer Münchner Galerie kostbare Vitrinen-Objekte sah, erotisierte Weiblichkeit in den Posen des modernen Ausdruckstanzes – Wachsfigurinen, die zuvor in Gent auf der Weltausstellung Sensation gemacht hatten.

Ihre Schöpferin stützte sich auf das Goethewort von Puppen als »Menschen nach meinem Bilde«. Lotte Pritzel (1887-1952), in Breslau geboren, zeitweilig in Paris und Berlin lebend, wo sie sehnsüchtig um die Ausbildungsstätten herumstrich, war Autodidaktin. Ihr Zeichenstift raste über das Papier, da war sie noch Kind.

Aus den Fingerübungen kristallisierten sich in den zwanziger Jahren Bühnen- und Kostümentwürfe auch für eine Revue.

Die Karriere der Meisterin des Figürlichen begann 1912 mit Werbepuppen für die Keksfabrik Bahlsen. Süßliches Rokoko und Melancholie strahlen noch die Nachfolgenden ab, die Paare und die Androgynen aus Draht und Wachs, von Gaze und Brokat umhüllt und auf Sockeln balancierend. Es hieß, sie wiesen mehr Essenz der auf das Psychologische fixierten Jetzt-Zeit auf als ein ganzer Glaspalast voller moderner Bilder.

Im Schwabinger Milieu wurde die junge »ruchlose Schönheit« von Schriftstellern verehrt, die ihr einen »überhellten Hirnrausch« zuschrieben: so der befreundete Hausgast Carl Zuckmayer, im Sommer 1921, in seiner Autobiographie *Als wär's ein Stück von mir* (1966). Wolken weißen Pulvers, sprich Kokain, setzten »Puppen des Lasters, des Grauens und der Ekstase« frei. Die Ausdruckstänzerin Anita Berber tanzte ein Pritzel-Puppen-Ballett.

Und Rainer Maria Rilke? »Um den Umkreis zu bestimmen, in den die Existenz dieser Puppen fällt, könnte man von ihnen vermuten, dass es ihrem Dasein gegenüber keine Kinder giebt«, heißt es in seinem berühmten Essay von 1913/14 »Über die Puppen der Lotte Pritzel«, 1921 als Buch: *Puppen*. In den darin abgedruckten 16 Farbzeichnungen von Lotte Pritzel spiegelt sich Rilkes poetische Phantasie: »wehleidige Falter, unbeschreiblich sterbliche, die im Augenblick, da sie zu sich kommen, schon anfangen, von sich Abschied zu nehmen«. Dingseelen, Puppenseelen und Künstlerseelen sind für Augenblicke vereint …

Hinschwindende ganz leicht, eh sie vergehen,
zurückzuhalten mit ein wenig Wink,
aus Abschiednehmen und Nicht-wiedersehen
ein Ding zu machen, so, daß dieses Ding
verschwendend lächelt und sich auf den Zehen
hinüberhebt um dem, was schon verging,
leis beizuwohnen (: Rosen und Ideen –)

LITERATUR

Andreas-Salomé, Lou, *Lebensrückblick*, o. O. 2013

Balthus sous la direction de Jean Clair, Paris 2001

Bibesco, Marthe Princesse, *Begegnung mit Marcel Proust.* Aus dem Französischen von Eva Rechel-Mertens, Frankfurt am Main 1972

Blätter der Rilke-Gesellschaft, Sigmaringen 1997 und Stuttgart 1999; 24 / 2002; 26 / 2005; 29 / 2008, alle Frankfurt am Main; 30 / 2010; 31 / 2012, beide Göttingen

Broche, François, *Anna de Noailles*, Paris 1989

Diesbach, Ghislain de, *La Princesse Bibesco*, Paris 1986

Duse, Eleonora, *Briefe.* Herausgegeben von Olga Resnevic-Signorelli, übersetzt von Gertrude de Rességuier, Gütersloh 1952

Freedman, Ralph, *Rainer Maria Rilke 1875-1908. Der junge Dichter*, Frankfurt am Main und Leipzig 2001

Rainer Maria Rilke 1906-1926. Der Meister, Frankfurt am Main und Leipzig 2002

Hoffmann, Thorsten, *Rainer Maria Rilke*, Baden-Baden 2021

Horstmann, Lally, *Kein Grund für Tränen. Aufzeichnungen aus dem Untergang. Berlin 1943-1946*, Berlin 1995

Jonas, Ilsedora B., *Rainer Maria Rilke und die Duse. Mit Rilkes »Die weiße Fürstin«*, Frankfurt am Main und Leipzig 1993

Joseph, Lawrence, *Catherine Pozzi. Une robe couleur du temps. Biographie*, Paris 1988

Leppmann, Wolfgang, *Rilke. Leben & Werk*, Bern und München 1993

Mignot Ogliastri, Claude, *Anna de Noailles, une amie de la Princesse Edmond de Polignac*, o. O. 1987

Nalewski, Horst (Hrsg.), *Rilke, Leben, Werk und Zeit in Texten und Bildern*, Frankfurt am Main und Leipzig 1992

Noailles, Anna de, *Le Livre de ma vie*, o. O. 1976

Pozzi, Catherine, *»Paul Valéry – Glück, Dämon, Verrückter«. Tagebuch 1920-1928*, Frankfurt am Main und Leipzig 1998

Lotte Pritzel: 1887-1952; Puppen des Lasters, des Grauens und der Ekstase (Katalog des Puppentheatermuseums im Münchner Stadtmuseum), 1987

Rainer Maria Rilke und die bildende Kunst seiner Zeit. Herausgegeben von Gisela Götte und Jo-Anne Birnie Danzker, Neuss 1996/97

Rainer Maria Rilke/Lally Horstmann. Eine Begegnung in Val-Mont. Herausgegeben von Ursula Voß, Frankfurt am Main und Leipzig 1996

Rainer Maria Rilke und die Schweiz. Herausgegeben von Jacob Steiner, Zürich 1992

Rilke, Rainer Maria, *Die Aufzeichnungen des Malte Laurids Brigge*, Frankfurt am Main und Leipzig 1991

Die Gedichte, Frankfurt am Main und Leipzig 2006

Die Weise von Liebe und Tod des Cornets Christoph Rilke, Wiesbaden 1951

Schnack, Ingeborg, *Rainer Maria Rilke. Leben und Werk im Bild*, Frankfurt am Main 1973

Schwilk, Heimo, *Rilke und die Frauen*, München 2019

Simenauer, Erich, *Rainer Maria Rilke. Legende und Mythos*, Frankfurt am Main 1954

Thurn und Taxis, Marie von, *Erinnerungen an Rainer Maria Rilke*, Frankfurt am Main 1966

Voß, Ursula, *Der Katzenkönig der Kinder. Balthus und Rainer Maria Rilke*, Frankfurt am Main und Leipzig 2008

Wagnerová, Alena, *Das Leben der Sidonie Nádherný*, Hamburg 2003

BILDNACHWEIS

akg-images, Berlin: Seite 68 (Mondadori Portfolio / Archivio GBB)
bpk, Berlin: 112 (Berlinische Galerie)
Bridgeman Images, Berlin: 128 (© Philip Mould Ltd, London / © Estate of Augustus John. All rights reserved 2023)
mauritius images, Mittenwald: 28 (Art Collection 2 / Alamy), 92 (Artefact / Alamy), 56 (Painters / Alamy)
Österreichische Nationalbibliothek, Wien: 142 (Atelier Madame d'Ora), 78 (Hermann Clemens Kosel)
ullstein bild, Berlin: 12 (Granger, NYC)

Für die Wiedergabe des Werkes von Eugen Spiro: VG Bild-Kunst, Bonn 2023
Alle weiteren Abbildungen stammen aus dem Archiv des Insel Verlags.

 Bezugspapier: Heinrich Vogeler, Kamingitter mit der Darstellung eines Pfaus, 1905, Foto: Bildarchiv Steffens/akg-images, Berlin. Gesetzt in der Schrift Adobe Garamond. Gedruckt auf holzfreies, alterungsbeständiges Werkdruckpapier der Firma LENK Paper Schleipen GmbH, Bad Dürkheim, von der Memminger MedienCentrum AG, Memmingen. Gebunden in Fadenheftung von der Conzella Verlagsbuchbinderei GmbH & Co. KG, Aschheim-Dornach. Dieses Buch wurde klimaneutral produziert: climatepartner.com/14438-2110-1001. Printed in Germany.

ISBN 978-3-458-19530-6. www.insel-verlag.de